当代高校体育教学发展及实践管理

任立耀 薛晴晴 李俊 著

吉林科学技术出版社

图书在版编目（ＣＩＰ）数据

当代高校体育教学发展及实践管理 / 任立耀，薛晴晴，李俊著. -- 长春：吉林科学技术出版社，2024. 6.

ISBN 978-7-5744-1559-1

Ⅰ. G807.4

中国国家版本馆 CIP 数据核字第 2024DC9827 号

当代高校体育教学发展及实践管理

著	任立耀 薛晴晴 李 俊	
出 版 人	宛 霞	
责任编辑	潘竞翔	
封面设计	南昌德昭文化传媒有限公司	
制 版	南昌德昭文化传媒有限公司	
幅面尺寸	185mm×260mm	
开 本	16	
字 数	240 千字	
印 张	11.5	
印 数	1~1500 册	
版 次	2024年6月第1版	
印 次	2024年12月第1次印刷	

出　　版　吉林科学技术出版社
发　　行　吉林科学技术出版社
地　　址　长春市福祉大路5788号出版大厦A座
邮　　编　130118
发行部电话/传真　0431-81629529 81629530 81629531
　　　　　　　　　81629532 81629533 81629534
储运部电话　0431-86059116
编辑部电话　0431-81629510
印　　刷　三河市嵩川印刷有限公司

书　　号　ISBN 978-7-5744-1559-1
定　　价　66.00元

前　言

　　随着新时期高等教育的迅速发展和素质教育的全面推进，高校体育教学被注入了新鲜的血液，成为深化素质教育和落实全面育人的重要突破口。高校体育教学对提高大学生综合素养，促进大学生全面发展有着举足轻重的作用。在高等教育改革日益深化的今天，与时俱进的、具有创新性的教学内容与教学方法层出不穷，它们对高校体育教学提出了更加严格的要求。体育教学管理是高校体育教学的一个重要环节，在高校管理中具有重要的作用。加强高校体育教学管理，有助于促进高校体育教学活动正常进行，使高校体育教学改革的各项措施得以落实并取得良好的改革效果。

　　为了强化体育教学管理效果、提升高校体育教学质量，笔者特撰写本书，希望为高校开展体育教学管理工作提供有价值的指导。本书在撰写过程中参考和借鉴了许多专家、学者的研究成果和观点，在此表示诚挚的谢意。另外，由于笔者时间和精力有限，书中难免有不妥之处，敬请广大读者批评、指正。

《当代高校体育教学发展及实践管理》
审读委员会

曾　益

目　录

第一章 体育教学研究

目前，全面实施素质教育，促进学生健康成长，是摆在我们面前的一项艰巨的任务。体育教学作为学生健康教育的重要内容，受到广泛的关注，有关体育教学的研究也越来越受到重视。体育教学研究是提高体育教师教学能力和教学质量必不可少的工作，在体育教学过程中发挥着非常重要的作用。

第一节　体育教学研究概述

没有研究就没有创新，没有创新就没有体育教育事业的发展。体育教学研究是提高体育教学质量、完善体育教学方法和策略的主要手段。放弃对体育教学的研究，体育教学将失去进步的动力和条件。

一、体育教学研究的概念

体育教学研究，即借助科学的研究方法、研究手段，针对体育教学的现状和存在的问题，不断地完善体育教学的方法和手段，从而提高教学质量，借此向更多的体育爱好者和研究者揭示体育教学现象的本质及一般规律的一项具有研究意义的工作。体育教学研究的根本目的是提高体育教学质量，不断地完善当今体育教学的理论知识。从对当前学校教育中体育教学的调查和研究来看，受应试教育的影响，一些学校忽视了体育教学的重要性，没有健全的体育教学理论知识，对体育教学的认识不足。随着素质教育的全面实施，各学校都应该加强对体育教学的研究，不断完善体育教学的理论知识，提高体育教学质量，从而提高学生的身体健康水平。提高体育教学质量的根本途径是解决体育教学实践中出现的一系列问题，因此可以将体育教学研究的对象定义为"体育教学实践中存在的影响体育教学质量的问题"，而不是体育教学中的一些理论问题。这主要是因为体育教学以教学实践为主体，体育教学中的理论知识只是实践教学的辅助，而体育教学实践是体育教学的最终表现形式。因此，要想不断地提高体育教学的质量，体育教学研究者应该对体育教学实践进行调研，从中找出存在的问题，然后根据这些问题对体育教学进行有针对性的研究。体育教学研究是一项较为特殊的研究，其研究的对象是"体育教学实践中存在的影响体育教学质量的问题"。因此，体育教学研究方法的选择也应该从体育教学的实际和本质出发，采用科学研究和教育实践研究相结合的方法，即从科学的角度分析体育教学实践中阻碍教育质量提高的主要原因，然后借助体育教学实践对这些分析结果以及分析的过程进行验证，这样才能联系实际解决体育教学中存在的问题，不断提高体育教学的质量。随着国家对青少年健康教育重视程度的不断提高，对学生进行健康教育是每一个学校必备的课程。对于体育教学的研究者而言，只有清楚体育教学现象的本质，了解体育教学规律，才能将提高体育教学质量落到实处。

二、体育教学研究的意义

通过对众多学校的学生和教师的调查发现，目前有一些学生和教师认为体育教学是一个没有任何实质意义的学科。但是从培养学生的角度来看，体育教学是不容忽视的，在体育课上，教师可以采用形式多样的教学方式，借助各种有利于学生成长的体育活动，使学生加强身体锻炼，在活动中潜移默化地提高学生的心理素质、沟通交际能力等，这有利于学生的身心成长和发展。笔者对学校体育教学进行了多年研究，现将体育教学研究的意义总结如下。

（一）体育教学研究可以促进体育教学理论的发展

体育学科正式成为我国教育行业中的一门独立学科的时间还比较短，较其他学科而言，体育无论是在教学理论还是在教学实践方面，都有待进一步的发展。在当今体育教学的发展过程中，人们对体育教学的研究主要是通过一些运动、锻炼等活动进行的。但是体育作为一门独立的学科，与运动、锻炼等活动在目的、内容、性质、意义等方面都存在很大的差别。因此，我国之前在体育教学过程中使用的理论和实施的方式和方法并不能真正满足当前社会对体育教学的根本要求。因此，为了更好地保证体育教学的实施，提升体育教学质量，我们应该从当前体育教学的实际情况出发，从体育教学的特殊性出发，结合学生成长的特点，对体育教学进行深入的研究和分析，制定出一套符合体育教学规律的理论和方法，指导体育教师进行教学。

（二）体育教学研究有利于体育教学的改革和发展

近年来，改革成为我国教育事业面临的一个重要课题，在教育改革政策和方针的约束、指引下，各个学段、各个学科的教学改革正在紧张地进行中，体育教学改革也如火如荼地进行着。但是，我国体育教学改革一直面临着以下几个方面的问题：第一，目前关于体育教学的理论研究不充分，无法把握体育教学改革的方向；第二，缺乏对体育教学方法的研究，有利于提高体育教学质量的教学手段和方法尚未出现，无法保证体育教学改革的进一步实施；第三，缺乏对当前情况下体育教学改革过程中涉及的新理论和教学方法的可行性分析，无法衡量体育教学改革政策的适用程度。以上三个问题严重制约了我国体育教学和教学课程改革的发展。因此，科学的体育教学研究有利于正确把握我国体育教学事业的发展方向，推动我国体育教学的改革和发展。

（三）体育教学研究有助于体育教师教学能力的提高

随着社会的发展进步，信息更新速度不断加快，教学质量也在进一步提高，社会对教师的教学能力和知识储备的要求也在不断提高，因此教学与研究互相渗透已经成为提高教学质量、完善教师自身素质的必由之路。体育教学研究能够提高体育教师的教学能力，可从以下几个方面进行分析：第一，能够提高体育教师的教学设计能力。体育教师在研究体育教学的过程中，会增强"问题意识"，能更加清晰明了地拓宽体育教学设计的思路，完善体育教学的方法。第二，能够不断地激发体育教师的创造性。体育教师在进行体育教学研究的时候，所接触到的体育教学方面的知识也更加直观、全面，认识到的教学实践也更加客观和深入。第三，能够帮助体育教师获得更多的新知识，不断地拓宽其知识面。第四，能够促进教师之间的交流和合作，更好地促进体育教学知识和教学实践经验的增长。因此，体育教学研究有助于体育教师教学能力的提高。

三、体育教学层次的研究

按照体育教学研究的内容进行层次的划分，不仅有利于教学研究的有效进行，而且有利于开展全面、深入的研究。

（一）描述现象层次的研究

描述现象层次的研究虽然是体育教学研究中最基础的工作，但也是最重要的工作。目前，我国体育教学事业较国外发达国家有着明显的差距，体育教学研究者只有清楚这些差距，并找出产生这些差距的根本原因，才能有针对性地进行教学改革，使教学研究更具现实针对性。但是，目前我国体育教学中存在对一些教育事实和现象认识不足的问题，主要原因是我国体育教学研究者缺乏对体育教学现状的细致而准确的描述。因此，在进行这一层次的研究时，首先应该保证研究的客观、准确、全面性，这样才能获取体育教学各个层次的可靠信息，才能为体育教学的继续研究提供充足的信息。

（二）对描述现象进行解释和归因层次的研究

所谓对描述现象进行解释和归因层次的研究，其实就是在描述现象层次研究的基础上，结合体育教学的特点对所描述的现象进行认真的综合分析，研究出阻碍体育教学质量提高的原因。解释的主要意义在于帮助人们理解体育教学各现象之间的联系，归因的主要任务就是阐述这些现象产生的实际原因。这一研究属于体育教学研究的中级层次，但是，目前我国很多体育教学研究者对这一现象的研究不深入、不全面，主要是因为在进行这一层次的研究时，分析角度不够全面，分析问题的方法不科学。对于体育教学研究而言，要想不断地提高体育教学质量，就应该对目前体育教学中存在的现象进行正确、深刻的分析和归纳，这样才能正确地揭示体育教学中一些阻碍教学实施的现象，从中得到正确的因果关系。

（三）实证层次的研究

通过对体育教学研究层次中第二层次的研究，人们可以清楚地把握目前体育教学现象的因果关系，因此实证层次的研究实际上就是对第二层次所获得的因果关系进行实证研究，其主要目的是验证第二层次中所研究的因果关系能否在真实的体育教学环境中发生。实证层次的研究是体育教学研究中的中心环节，研究者在这个环节中可以获得最可信的研究结果。实证层次研究的主要方法是实验法。但是由于体育教学研究面临很多不确定的因素，具有很强的社会性，在研究的过程中不可能像一般的实验研究那样拥有很多的可控制因素，因此在进行实证研究的过程中，应该精心地进行命题的假设和推理，全面地设计实验，在对实验结果进行仔细分析的基础上，对实验所得出的结论进行恰当的总结和分析。

（四）理论和外推层次的研究

我国体育教学研究之所以未能得到进一步的发展，一方面是因为我国对体育教学研究的关注度不高，另一方面是因为从事体育教学研究的人员没有对从研究中得到的体育教学规律作出概括性的总结，也没有将这一理论进行及时的推广并将其应用在体育实践教学之中。对于体育教学研究而言，在对所研究的体育教学规律进行实证之后，就应该将其概括总结为理论知识，因此理论研究的主要目的就是说明体育实证层次研究中所得到的因果关系或体育教学规律的发生条件和原则。再加上目前我国体育教学中缺乏理论方面的创新，因此这一环节对于体育教学质量的提高很重要。外推的本质意义就是将所得的理论知识应用于实践教学之中，所以在进行理论和外推层次的研究中，最重要的就是对理论知识进行高度概括，并找出合适的外推手段。

四、体育教学研究的特点

众所周知，体育教学与其他学科教学有着很大的区别，因此，体育教学研究也不同于其他学科的科学研究和教育理论研究。体育教学研究的主要特点是学理性、实践性和复杂性。

（一）体育教学研究的学理性

体育教学以传递与体育相关的知识和技能为目的，其方方面面都是围绕着教与学进行的，无论是教师教授的过程还是学生接受学习的过程，都必须遵守教学的规律。因此，体育教学研究也应该和其他学科的教学研究一样，归根到底都是学理性的研究，如果体育教学不具有这一特点，那么教学就无法科学、有效地进行。

（二）体育教学研究的实践性

体育教学的很多理论都是在实践的基础上产生的，并且在实践中得到验证，这能够使体育教学理论在实践中不断丰富和发展。因此，教学研究也应该围绕着教学实践进行，这样才能使体育教学研究成为真正有意义的研究。换言之，如果体育教学研究脱离了教学实践，那么将失去研究的意义。

（三）体育教学研究的复杂性

体育教学活动是由多种因素和变量组成的，但是这些变量之间并不是孤立存在的，每一个变量都与其他的变量相互制约。开展教学研究的根本目的，就是将这些变量之间相互作用的复杂关系展现出来。研究发现，体育教学变量主要由三类组成：一是环境变量，主要表现为课堂环境对学习效果的影响；二是过程变量，是指师生的课堂行为、知识特点等对学习效果的影响；三是结果变量，是指教师所期望的以及教师拟订教学活动计划所依据的、可用有效的教学目标和标准加以衡量的教育成果。

第二节　体育教学和体育教学研究的目的

目前，我国体育教学仍存在一些问题，这些问题制约了我国体育教学事业的不断进步。如何提高体育教学的质量？如何提高体育教师队伍的整体素质？如何根据社会需求对体育教学进行改革？这些成为优化体育教学应该面对的问题。

一、体育教学中存在的问题

从目前我国体育教学的发展情况来看，体育教学中仍然存在很多亟待解决的问题，这些问题一方面严重制约了体育教学实践的进步和发展，另一方面降低了学生对体育教学的参与热情。体育教学中存在的问题主要表现在以下几个方面。

（一）体育教学理论研究不充分

受素质教育的影响，为了全方面培养新时期所需要的人才，我国对体育教学的重视程度越来越高，但是受传统教学观念的影响，体育教学虽然一直贯穿学校教育的始终，但并未受到足够的重视。这也直接导致我国体育教学中存在教学理论研究不充分的问题。对于体育教学而言，教学理论研究不充分，一方面导致体育教学没有统一的标准，体育教师在对学生进行实践教学的时候，没有充分的理论指导；另一方面，使体育教师缺少了提升自身专业知识和教学技能的支持，没有办法不断地充实自己的专业知识储备，严重制约了知识技能的完善。

（二）缺乏学理研究和方法研究

体育教学研究不同于真正意义上的科学研究，也不同于单纯的教育理论的研究。由于体育教学具有复杂性和实践性等特点，因此在体育教学研究过程中要注重对其中涉及的一些变量进行研究，以保证体育教学更加符合教学实际和学生的成长特点。由于体育教学中缺乏对教学方法和学理的研究，因此体育教师对在教学过程中遇到的一些突发事件有时会处理不当。这样的体育教学不仅不利于学生的健康成长，不利于教学目标的实现，还会削弱学生参与体育锻炼的积极性，不利于体育教学的持续发展。

（三）简单照搬其他理论，缺乏可行性分析

体育教学与其他学科教学最大的区别就是，体育教学更加注重教学的实践性。不同国家、不同学年段的学生所需要的体育教学的内容和方法有所不同。有的学校和教师在进行体育教学的时候，照搬其他国家或学校的理论，未对这些理论进行可行性研究和分析，没有根据实际情况对借鉴的外来理论知识和方法技巧进行筛选整合，没有验证教学方法的可行性，最终导致在体育教学这条路上与社会的要求渐行渐远，影响了我国体育教学的发展。

二、体育教学的目的

众所周知，体育教学是学校教育的重要组成部分，而学校所开展的体育教学又是体育终身教学的前提和基础，是使广大青少年体魄强健的重要课程。因此，体育教学质量在一定程度上影响着国家和民族的生命力；不仅如此，体育教学质量也是社会文明进步的衡量标志。作为一名体育教师，必须明确体育教学的目的，强化学生对体育教学重要性的认识，培养学生参加体育锻炼的积极性。我国开展体育教学有以下几个方面的目的。

（一）提高青少年的综合素质

改革开放以来，我国的体育教学工作得到了蓬勃的发展，青少年的身体素质和生长发育状况也在不断改善。但是，也必须注意到，受传统应试教育的影响，目前我国一些学校存在重智育、轻体育的现象，这既加大了学生的学业负担，也剥夺了学生休息和体育锻炼的时间，进而导致我国部分青少年的体质状况不容乐观，出现肺活量降低、肥胖、近视、意志力薄弱等问题。因此，我国应该积极开展体育教学，以增强青少年的体质，提高其综合素质。

（二）提高学生对体育锻炼重要性的认识

学生在体育锻炼的过程中，能够不断地提高自身的综合素质，获取基本的交际能力，提高对社会的认同感，从而理解并认识到体育锻炼的重要性。这样学生才能积极地学习体育知识，主动参与体育活动。与此同时，学生提高对体育教学重要性的认识，能够发挥体育锻炼的主观能动性，产生健康向上的活力，进而有利于提高整个国家的生命力，推动我国体育教育事业的不断进步。

三、体育教学对体育教师的要求

体育教师是体育教学活动的组织者和指挥者，是体育教学活动的主体，体育教师能力和水平的高低直接关系到体育教学质量的好坏。因此，要想不断提高我国体育教学的质量，就应该提高我国体育教师的知识水平和能力。经过对体育教学活动的调查和研究可知，体育教学对教师有以下几个方面的要求。

（一）具有丰富的体育教学知识和较高的教学水平

学生是教学活动的客体，在教学活动中扮演着接受者的角色，所以体育教师的专业知识和教学水平直接影响着学生的学习效果，影响着教学的质量。为了不断提高我国体育教学的质量，积极响应新课改的要求，体育教师应具有丰富的专业理论知识和较高的教学活动的组织和策划能力，这样才能从根本上优化体育教学活动。

（二）能够充分调动学生的学习积极性

体育是一门充满活力和创造性的学科，具有很高的灵活性和趣味性，能够帮助学生在锻炼中获得一些必需的知识和技能。虽然体育教学相对于其他学科教学而言具有更多的趣味性，但是一些青少年并不愿意参加体育活动，这主要是因为体育教师在教学过程中没有重视对学生的引导，没有根据学生的特点和爱好充分调动学生的积极性。作为一名体育教师，首先应该具备选择教学方法的能力，应根据学生的兴趣、特点，策划一些有意义的体育活动，逐渐激发学生对体育运动的兴趣。

四、体育教学研究的目的

根据以上对体育教学中存在的问题、开展体育教学的目的的分析以及当前体育教学对教师的要求可知，我国体育教学正处于积极探索、不断寻求进步的阶段，这也在一定程度上说明我国体育教学还相对落后。出现这种情况的原因在于，我国缺乏对体育教学的深入研究，没有开发出一套适合我国国情和学生特点的体育教学理论和方法。因此，开展体育教学研究成为提高我国体育教学质量的重要途径。体育教学研究的目的主要表现在以下几个方面。

（一）提高我国体育教学理论水平

体育教学虽然在我国已经有一百多年的历史，但是相对于其他学科教学，起步的时间较晚，再加上受到传统教育观念的影响，一些学校忽略体育教学，导致我国体育教学在理论上存在很大的不足。我国的体育教学理论一方面沿袭了传统的体育教学理论，另一方面借鉴了其他国家的体育教学理论。但是，随着时代的发展，沿袭而来的体育教学理论已经不适应现在的教学要求；由于所适用的学生群体不同，借鉴的其他国家的体育教学理论与实际教学存在很大的矛盾。开展体育教学研究，能够在充分了解当前体育教学不足的基础上，对这些问题和不足进行深入的分析和研究，找出传统体育教学理论需要补充和修改的内容；再根据我国青少年成长的特点，将由国外借鉴而来的体育教学理论与经过修正的传统的体育教学理论进行科学的融合，这样才能完善我国的体育教学理论，提高我国体育教学理论水平。

（二）对体育教学进行改革

随着素质教育的不断推行，各类学科都在根据社会的需求进行教学改革，体育教学改革也受到了很多的关注，但是体育教学改革一直面临着理论研究不充分的问题。由于对体育教学的研究不足，体育教学改革无法为体育教学活动带去更多的有利因素，也无法提高体育教学的质量。体育教学研究应结合学生的特点、社会的需求、社会的发展趋势等进行，奠定体育教学的改革方向，不断优化体育教学方法，并运用假设和实验的方法对所获得的新教学方法进行可行性分析和研究，这样才能有针对性地改革体育教学。

（三）提高体育教师能力

随着社会的不断进步，任何学科对教师的能力要求都在不断提高。从教师的职业发展来看，教师是一个需要终身学习的职业，要随着社会的变化不断更新自己的专业知识和技能。目前，教学与研究相结合成为教师提高自身知识水平和教学能力，提高教学质量的必经之路。对于体育教师而言，他们在体育教学研究的过程中，能够发现和学到更多有关体育教学的知识；在不断发现问题和解决问题的过程中，能够获得有关体育教学的新知识，对体育教学实践的认识也更加全面、深入、客观；在不断研究过程中，还能对所研究的问题进行总结，从而产生在体育教学方面的创造性。同时，体育教学研究能够促进体育教师之间的交流和互动，提升体育教师队伍的整体水平。

（四）规范体育教学流程

体育教学研究，实际上就是对体育教学过程中涉及的各种教学因素以及教学规律所进行的研究。任何一种教学活动都要经历从起步到成熟、从适应到规范的过程，再加上体育教学本身具有的不确定因素，因此其教学过程难免会受到一些不良因素的干扰，最终可能导致教学失败。教学实践和教学过程的规范性实际上是相辅相成的，教学流程在教学过程中起到指导性的作用，同时教学过程也在实际行进中影响着教学流程，使其不断完善和规范。开展体育教学研究的目的之一，就是通过对教学过程的监督和分析，找出教学流程中导致教学效果不理想的因素，然后对其进行优化，不断地规范体育教学流程。

（五）提升我国体育教学研究团队的整体水平

优秀的体育教学研究团队，需要在不断的研究、突破、创新中提高整体能力，如果一个团队缺少对本职业的研究，那么这个团队的整体水平会下降，同时也将失去竞争力。在日新月异的今天，各国之间的教育、经济等都趋于透明的状态，即使是同一个地区或是同一学校的体育教学之间也存在竞争的关系，在这种竞争逐渐激烈的市场环境中，如何不断地突破自己，提升整个团队的科研水平，提升体育教学研究者的专业能力，是每一位体育教学工作者应该面对的问题。教育工作者从事体育教学研究，可以在不断的研究过程中，提升自己的专业知识水平，优化自己的专业技能，增强自己在体育教学方面的能力，从而助推我国体育教学研究团队整体水平的提高，提升我国的体育教学质量。通过上述对体育教学目的及其研究目的的介绍，我们可以看出，随着体育教学地位的逐渐提高，教学研究已经成为当前体育教学过程中的新课题，也是体育教学工作者必须面对和探讨的课题，每一位体育教学工作者都应该积极地参与体育教学研究的工作中，不断地发现体育教学过程中的问题，创新自己的思路，以保证体育教学质量的不断提高。

第三节　体育教学研究的条件

一、明确体育教学研究的思想和目标

体育教学研究是一项有意识、有计划、有组织的研究性活动，一切的体育教学类的研究活动都离不开对体育教学价值的判断和思考。明确体育教学研究的思想和目标，从研究意义上说，就是把握体育教学研究的方向，在研究的过程中极力发掘任何有利于体育教学发展的理论和方法。体育教学研究的思想是指导体育教学研究者行动的主要依据，缺少体育教学研究的思想就无法顺利实现体育教学研究的目标。特别是在我国倡导教学改革的关键时期，只有明确研究目标、坚定研究思想，才能将体育教学研究的目的落到实处，才能不断提高我国体育教学的质量。要明确体育教学研究的思想和目标，需要清楚以下内容。

（一）体育学科的功能与价值

体育学科的功能和价值是确定体育研究目标的前提条件，也是从事体育研究所必须掌握的条件，二者缺一不可。体育学科的功能与价值明确了体育教学在学校教育中的重要作用，为体育教学研究提供目标的参考和研究方向的借鉴。

（二）体育教学研究的指导思想

体育学科之所以能够上升到一门研究性学科，主要是因为我国已经认识到体育教学在学生成长和发展中的重要作用。体育教学研究的指导思想是保证体育教学研究顺利进行的前提条件，只有明确体育教学研究的指导思想，才能保证体育教学研究有条不紊地进行。

（三）体育教学研究的目标

体育教学研究目标是体育教学研究的指导，它为体育教学研究指明了方向，奠定了坚实的基础。只有明确体育教学研究的目标，才能更加清楚体育教学研究的方向，明确体育教学研究的意义。因此，明确体育教学研究的目标是体育教学研究的前提条件之一。

（四）当前体育教学改革的方向

随着素质教育的全面推行，体育教学也被正式纳入新课改的范畴，新课改也因此成为体育教学研究的必经之路。与此同时，在从事体育教学研究的时候，也应该清楚体育教学改革的方向，这也是体育教学研究的方向。因此，明确体育教学改革的方向是开展体育教学研究必备的条件之一。

（五）世界各国体育教学研究的状况

改革开放在促进各国经济交流的同时也促进了各国在教育事业上的交流。西方很多发达国家在体育教学中取得了突出的成就，而我国体育教学比西方发达国家起步要晚，因此缺乏很多教学研究的经验。关注世界各国体育教学研究的状况，能为我国的体育教学研究提供更多的方法和内容借鉴，这对于体育教学研究是非常有利的。

二、明确体育教学的过程

体育教学既是体育教育活动的主要表达形式，也是保证学生健康成长的主要方法。但是，体育教学与其他学科的教学又有着很大的不同，因此明确体育教学的过程是体育教学研究的重点对象。明确体育教学的过程既是体育教学研究需要掌握的基本理论问题，也是体育教学研究活动顺利进行的前提条件。详细地了解和掌握体育教学的过程，明确体育教学过程中所涉及的一些基本步骤和内容，是正确认识体育教学的本质、特点和教学中所涉及的一系列教学规律的基础。体育教学过程对教育本身而言，是教育目标实现的途径，而教育研究的根本目的就是提高教学质量，教学质量的提高体现在教育过程中的每一个环节。因此，体育教学研究者必须明确体育教学的过程，这样才能保证体育教学研究具有教学针对性，起到提高体育教学质量的作用。作为体育教学研究的前提条件之一，对体育教学过程的了解和掌握主要包括以下几个方面。

（一）体育教学过程的特点

体育教学过程的特点是体育教学区别于其他教学的明显特征，也是了解体育教学过程所必须掌握的关键因素。体育教学过程是一个特殊的教学过程，也是一个十分强调实践性的教学过程，并且教学过程会受到很多不确定因素的干扰。因此，每一位体育教学研究者要非常明确体育教学过程的特点，这样才能更清楚地掌握体育教学的过程。

（二）体育教学设计

体育教学的过程实际上就是体育教师对体育教学进行教学设计的过程，体育教学设计要体现不同阶段学生的特点，所设计的教学活动也要有利于学生的成长和发展。因此，体育教学设计是体育教学过程中的重要环节，是体育教学过程不断优化的有力保障。体育教学研究者应该具备体育教学设计的能力，清楚教学设计的功能和作用，这样才能促进体育教学研究的不断深入。

（三）体育教学过程"三段式"

体育教学"三段式"是一种新的体育教学形式，也是保证体育教学过程顺利进行，保证体育教学质量的主要形式。"三段式"教学过程是指将体育教学过程分为开始、准备和结束三个部分，体育教学研究中对体育教学过程的研究也要依照这三个部分进行。因此，体育教学研究者应该具备对教学过程中"三段式"的理解和运用能力。

（四）体育教学方法

体育教学方法是体育教学过程的重要组成部分，它是衡量体育教学过程是否有利于学生成长和发展的主要依据。在进行体育教学过程的研究时，应该清楚每一种教学方法，详细地了解每一种教学方法适用的学生群体以及它们的功能和价值，这样才能对教学方法进行可行性研究。

三、了解体育教学的内容

体育教学是通过教师向学生传授体育运动技术这一载体而实现的。对于体育教学而言，体育教学活动的运动技术较为丰富多彩，而且每一种体育教学活动均有其特定的功能和作用。因此，体育教学内容也是体育教学研究的方向之一，同时也是体育教学活动的载体，是体育教学能够顺利进行的保证。对体育教学研究而言，只有充分地了解体育教学的内容，才能更清楚地确定体育教学研究的方向。除此之外，目前我国体育教学的现状不容乐观，教育内容也存在一些不足之处，开展体育教学研究的目的之一就是找出这些不足，不断地优化教学内容，填补体育教学内容上的缺陷，从根本上改变体育教学，不断地提高体育教学的质量。因此，了解体育教学的内容是体育教学研究尤为重要的前提条件之一。体育教学内容包括很多方面，对于体育教学内容的了解主要包括对体育与健康知识的了解、体育运动文化知识研究、体育教学内容的选择依据研究、体育教科书研究、体育教学计划研究等。在此，对当前一些需要了解的较为常见的体育教学内容进行阐述。

（一）体育教学内容的逻辑

体育教学内容较为复杂，这就需要体育教学工作者厘清各教学内容之间的关系，这样才能明确各内容之间的逻辑，便于研究过程中的分类与整合，保证教学研究正常进行。

（二）体育教学内容的选择标准和程序

体育教学内容的选择标准和程序，是体育教学研究中必须明确的问题之一，是进行体育教学内容研究和教学过程研究的前提。如果体育教学内容的选择标准和程序不明确，那么就无法保证体育教学研究的科学性。

（三）对民族传统体育活动的了解

体育来源于生活，每一个地区的传统运动项目都有其产生的背景和存在的意义，但是随着社会的不断发展，一些具有地方特色的传统运动项目正逐渐走向消亡。为了增强学生对地方传统运动项目的认同感，保证该地区的体育教学能够凸显地域特色，新课标强调体育教学必须具有当地民族传统特色，这是体育教学研究的任务之一。

四、考量体育教学条件

体育教学具有很强的实践性，因此体育教学离不开良好物质条件的支持，同时对教学环境也有很高的要求，否则就不可能有高质量的体育教学。在进行体育教学研究的过程中，研究者需要对教学条件进行充分的考量，主要包括了解体育教学的环境和内容，掌握教学场地和器材的现状，清楚体育教学中所需场地和器材的标准，掌握新型运动器材和运动器具的用法等，只有这样，才能保证体育教学研究过程的全面性和科学性。

（一）掌握教学场地和器材的现状

体育教学研究也是对体育教学过程的研究，其根本目的就是不断优化体育教学过程，提高体育教学质量。因此，在对体育教学进行研究的时候，首先要对体育教学的场地和器材现状进行调查，以便更好地掌握体育教学的动态，从而对体育教学开展更为细致的研究。

（二）清楚体育教学中所需场地和器材的标准

每一个阶段的体育教学对场地和器材都有着不同的要求，这是保证体育教学正常进行的基础。在体育教学研究过程中，研究者应该清楚体育教学场地和器材的标准，以便根据标准进行合理的研究，在研究中对教学场地和器材进行优化。

（三）掌握新型运动器材和运动器具的用法

随着科学技术的不断发展，掌握新型运动器材和运动器具的用法逐渐成为体育教学研究的重要内容之一，这也是体育教学研究的条件之一。每一种运动器材和运动器具相对应的教学目的以及适用的人群有所不同，为了保证体育教学研究的有效性，让新型运动器材和运动器具的作用得到充分发挥，体育教学工作者需要清楚新型运动器材和运动器具的用法。

第四节　体育教学研究的方法

.体育教学研究是提高我国体育教学质量的方法之一，再加上目前学界对研究型教师的需求越来越旺盛，体育教学研究逐渐受到更多人的关注与重视。任何一种研究只有掌握了先进的方法，才能保证研究的效果，加之体育教学具有一定的特殊性，因此在体育教学研究中尤其要注重研究方法和手段的选择。笔者经过多年对国内外体育教学研究的了解和分析，现对体育教学研究常用的几种方法作简单介绍。

一、问卷调查法

问卷调查法是从事体育教学研究以及其他学科教学研究时常用的一种方法，具体操作过程为：体育教学研究者在对研究目的进行认真分析的基础上，按照体育教学的特点和要求设计一些具有针对性的问题，然后确定调查对象，借助这些问题向调查对象了解更多有关体育教学的详细情况，或者征询一些意见。体育教学研究者在具备体育教学研究所必需的条件的情况下，第一步就是设计调查问卷，选择调查对象，然后进行问卷的回收和审查。

（一）调查问卷的一般结构

任何一种调查问卷都是由题目、指导语、具体内容和编号几个主要部分组成的，每一个部分都有其特定的目的和意义，下面对体育调查问卷的组成部分进行简单的介绍。

1. 调查问卷的题目

对于调查问卷而言，题目就是调查的主题，从某种意义上来讲，它又是体育调查的目的。因此，在设计体育调查问卷题目的时候，应保证用语和表述的方式不能让调查对象产生反感。

2. 调查问卷的指导语

调查问卷的指导语实际上就是对开展体育调查的目的和调查中有关事项的说明，因此指导语的主要目的就是让调查者更清楚地了解问卷调查的目的和意义，从而引起调查者对调查问卷中题目的重视和兴趣，争取得到调查对象的积极参与和支持。一般而言，体育调查问卷指导语的表达要从被调查者的角度出发，体现被调查者的希望和意愿，同时指导语的内容应该简洁、准确。

3. 调查问卷的具体内容和编号

体育调查问卷的具体内容主要包括体育调查问题的内容、问题编排的次序、希望被调查者回答问题的方式等。编号实际上就是问卷中问题的编号，设计问题的编号主要是为了便于调查问卷中数据的整理和搜集。

（二）调查问卷中问题设计的基本要求

调查问卷的主要内容就是问题，由于体育本身就是一门复杂性的学科，为了保证体育调查问卷更符合体育教学研究的需要，在进行问题设计的时候应该满足以下基本要求。

1. 保证调查问卷中的问题符合客观的实际情况

由于体育教学具有很强的实践性，因此在设计体育调查问卷的问题时，要保证所提出的问题符合体育教学的客观实际。新课标的实施，加大了不同地区和学校在体育教学方面的差异，因此在设计体育调查问卷的问题时，要从实际情况出发，对调查对象进行分析和了解。

2. 问题必须清楚且明确

在设计调查问卷的问题时，要避免设计一些模棱两可的问题，这样会干扰被调查者的思绪，不利于调查的顺利进行。因此，要多设计一些客观实际的问题，以便调查者做出回答和选择。

3. 问题必须围绕调查目的展开

体育调查问卷原本就是体育教学研究者根据研究的目的所制定的，目的是更好地开展体育教学研究，因此在设计问题时应该紧紧围绕问卷调查的目的展开。

4. 问题必须与被调查者有关

被调查者是体育问卷调查的对象，研究者根据他们填写的问卷，获取一些有益于教学研究的知识和信息，以便体育教学研究能够继续深入地开展。因此，调查问卷的题目设计要与被调查者有关。

5. 调查问卷的长度要适当

体育调查问卷的长度要适当，如果问卷设计的题目过多、过长，就会引起被调查者的反感，从而影响他们在填写调查问卷时的积极性。如果问卷的长度过短或问题过少，研究者就不能全面地获取所需要了解的信息。

（三）调查问卷的回答方式

调查问卷的回答方式有两种：一是开放性回答，二是封闭性回答。

1. 开放性回答

开放性回答就是某些问题没有特定答案，由被调查者根据自己的理解和内心的想法自由填写。开放性回答的灵活性较大，适应性较强，而且被调查者在回答这类问题的时候不受任何的限制，拥有更多自由回答和自我表达的机会，同时在回答问题的过程中，被调查者还能获得一些较为丰富的具有较强启发性的材料。开放性回答一般用于预测和估计等探索类问题。

2. 封闭性回答

封闭性回答即研究者在设计这一问题答案的时候，首先应该将有可能作为问题答案的选项详细列出，供被调查者选择。封闭性回答比较容易，一方面能够为被调查者提供更多参考内容，有利于打开被调查者的思路，为被调查者节约更多的作答时间；另一方面，对于研究者而言，有利于调查问卷的回收和数据的统计分析。封闭性回答的方法主要包括填空式、选择式、表格式等。为了更好地完善调查问卷，可以将两种问答方式结合起来进行问卷的设计，以适应各种问题，便于研究者对体育教学信息的了解和掌握

二、教学观察法

教学观察法实际上就是体育教学研究者对体育教学过程中所涉及的一些行为进行观察，在观察的过程中收集研究性资料的方法。教学观察法是在体育教学研究中运用最多

的一种方法。

（一）教学观察法的特点

教学观察法之所以成为教学研究领域普遍应用的方法，主要是因为其具有以下几个方面的特点。

1. 主观针对性

教学观察法最大的优点就是它具有极强的主观针对性，观察者可以在观察的过程中灵活地选择被观察的对象，这样就能主动地排除一些与研究无关的影响因素，使观察具有针对性。

2. 客观真实性

所谓客观真实性，就是指所观察的对象和内容都是客观存在的，具有真实性和可靠性，同时也使所观察的内容具有科学性。

3. 集体合作性

由于体育教学的特殊性和复杂性，在采用观察法进行研究的时候，往往会比较复杂，需要很多人合作完成。在观察前期，应对参加观察法调查的集体成员进行培训，培养他们的合作意识，这样才能保证调查研究过程中观察的质量。

（二）教学观察法的类型

可以按照观察的方式将教学观察法分为临场观察法、实验观察法、追踪观察法等。

1. 临场观察法

临场观察法实际上就是观察者直接处于观察对象所在的现场所进行的一种观察方式。临场观察法能够使观察者及时掌握观察对象的变化，做出快速的反应，同时还能够使观察者身临其境地感受观察对象所处的环境，有利于体育教学研究的开展。

2. 实验观察法

实验观察法就是通过观察者的亲身实验而进行的一种观察方法，实际上就是将观察与实验完美结合在一起，使观察者能够及时测量和观察实验过程中的指标变化，从而获得有关实验的结果，为教学研究提供更多可供参考的研究条件。

3. 追踪观察法

追踪观察法所观察的是一个事物发展变化的过程，所需要花费的时间较长。追踪观察法虽然会花费观察者很多的时间和精力，但是能够使观察者得到更多有关体育教学的实际情况。

（三）教学观察计划的制订

体育教学的观察计划实际上就是确定体育教学观察的步骤、程序的制订与安排，换言之，就是对体育教学观察法实行方案的研究。它在整个体育教学观察法中占据重要地位，是从事体育教学研究的工作人员进行观察的依据。笔者根据对教学观察计划的研究，将其制订分为以下几个步骤。

1. 明确观察的目标与任务

观察的目标与任务是从事体育教学观察的前提和基础，是观察过程的指导思想，在整个观察过程中起到非常重要的作用。

2. 选择观察的对象和指标

选择观察对象的时候要注意选取一些具有代表性的对象，这样所得到的结果也较有代表性和说服力。确定观察的指标也是观察过程中非常重要的一部分，要注意指标的有效性和客观性。

3. 确定观察的步骤

确定观察的步骤就是梳理观察的操作环节，只有确定观察的步骤才能保证观察的过程井然有序，从而保证观察的科学性和有序性。

三、教学实验法

教学实验法是在教学研究的过程中对所确定的研究假说进行可行性验证的方法。因为体育教学是一项对实践性要求极强的教学，因此每一种新的教学理论或教学方法的推行都应该经过教学实验法的甄选和过滤，确保教学理论和方法的可行性。

（一）教学实验的类型

按照教学实验过程中所涉及的因素，可以将教学实验分为单项实验、综合实验和整体实验三种类型。

1. 单项实验

单项实验实际上是根据实验对象或实验因素而命名的，所以单项实验实际上就是对体育教学研究过程中的一个因素进行操作，以观测其行为效果的实验。在单项实验的操作过程中，实验者能够有效地控制实验变量，把握实验进行的方向。

2. 综合实验

综合实验就是在体育教学研究过程中，对其中有着共同特性或者有着密切联系的内容进行综合研究的一种实验。综合实验一般适用于对有着密切联系的几个因素进行操作，便于对实验进行整体性的控制。

3. 整体实验

整体实验是对体育教学过程中某一个独立的整体结构进行全面的、深入的实验操作。整体实验相对而言是一个规模较大的实验，需要同一地区的体育教学研究者共同参与，并且在实验过程中要兼顾体育教学过程中涉及的诸多因素。

（二）教学实验的基本因素

任何一个完整的教学实验都是由自变量、调节变量、因变量和干扰变量组成的，每一种变量都在实验中发挥着重要的作用，应该处理好这几个变量之间的关系，以保证实验的有效性。

1. 自变量

所谓自变量，就是不固定的因素，它会随着外界环境的不同而发生变化。虽然自变量难以有效地控制，但是自变量的有效利用能为教学研究带来意想不到的效果，促进教学研究成果的不断优化与完善。

2. 调节变量

调节变量一般也称为次变量，在实验过程中会使自变量发生改变。由于调节变量有助于研究者对自变量效能和性质的研究，促进教学实验的开展，因此认识和研究调节变量具有重要意义。

3. 因变量

因变量实际上就是自变量的附属体，是在自变量不断变化下产生的一种变量。例如，在体育教学过程中，学生的发展会导致教学模式的变化。因变量是为了保证自变量更好地发展而存在的。

4. 干扰变量

干扰变量是不利于教学实验研究的变量，其存在会对教学实验产生不同程度的干扰，影响研究者对教学实验的归纳和总结。因此，在教学实验过程中，应该严格地控制干扰变量，以防对教学实验造成不利影响。

（三）教学实验设计

教学实验设计是教学实验的中心环节，也是教学实验过程中最为重要的环节，教学实验设计直接影响到实验的成果，继而影响整个体育教学研究的效果。因此，在教学实验过程中，要注重对实验设计的掌握，教学实验所涉及的实验设计一般包括以下几类。

1. 单组末测实验设计

单组末测实验设计是教学实验过程中经常采用的一种实验设计方案，方法是从所实验的对象中挑选一个班或是一个实验小组，对这个班或实验小组引入一个与体育教学研究有关的变量，在经历了一段时间之后，收集这个班或实验小组的测评结果，然后将这个测评结果与最初的状态相比较，这样就可以进一步证实实验效果的真实性。

2. 单组始末测试实验设计

单组始末测试实验设计能够帮助研究者更清楚地了解小组在实验前后的水平，以确定实验效果的好坏，能够使实验效果更具说服力。这样的教学设计一般适用于较容易把握的教学变量，不适用于一些研究者无法把握的变量。

3. 单组纵贯重复始末实验设计

单组纵贯重复始末实验设计实际上就是通过实验效果的反复对比，确定实验的效果。这样的实验设计十分强调充分对比的周期性，应尽可能地保证实验对象的稳定性。

四、测量法

测量法，顾名思义就是利用某种工具或器材进行测量，进而得出测量数据，利用这些测量数据对教学进行把握和研究的方法。下面对测量法进行简单的介绍。

（一）测量的类型

由于体育教学涉及的内容较多，因此体育教学研究中的测量包括物理量的测量和非物理量的测量。所谓物理量的测量，是指利用某种直观的器械进行测量，从而得到具体数据的过程，如学生的身高、体重、血压等。非物理量的测量是指借助某种标准进行比较或运用统计的测量方法获得的利用简单器械无法获得测量的结果，如心理承受能力、社会适应能力、人际交往能力等的测量。

（二）测量的效度和信度

对于任何一种测量而言，测量的准确性和可靠性是保证测量质量的两个基本要素，下面对测量过程中的效度和信度进行简单的分析。

1. 测量的效度

测量的效度是指测量得到的数据的有效性。对任何一项研究而言，测量得到的一定是研究过程中所需要进行分析的数据，是研究的条件和依据。要想保证研究的科学性，就需要保证测量所得数据的效度，主要包括以下几个方面。

（1）内容效度

内容效度指的是测量内容的有效性，主要表现所要测量内容的特征。例如，要想知道一个年级学生的体能特点，就应该测量学生的体能，这就是内容的效度。

（2）结构效度

结构效度是达成所测量内容的一种方法和构想，就是检验测量数据是否真正关系到所要研究问题的理论构思。例如，成绩测量的结构效度，强调用分数来解释测量的过程和方法，而不是学生的年龄或体能。

（3）同时效度

同时效度是选用一种已经被认为有效的测量作为标准，在测量的过程中，由测试者根据在新测试和有效测量中分别获得的数据来估计效度的高低。例如，对学生表现成绩进行测量的时候，由学生和教师按照拟订好的测试标准进行打分，如果得分结果相差不大，就说明这一测试的效度较高。

2. 测量的信度

测量的信度又被称为测量的可靠性，是对测量结果和过程真实性评价的指标，如果测量的信度较高，那么不仅受到外界干扰的概率较小，测量的效度也会较高，能够准确无误地测量出测量对象的特征。如果测量过程中的无关变量对测量结果的影响较小，那么测量的信度会较高。为了保证测量结果的准确性，通常要对测量信度进行检测，检测的方法一般包括重测法、复份法、分半法和内部一致性法。

（1）重测法

重测法表示测量过程的重复性，为了更好地检测某种测量方法和标准的测量效度，在测试一段时间后，以同样的方法和标准再次进行测试，如此反复，通过两次或多次测量数据的对比，分析测量信度的高低。

（2）复份法

复份法就是在对统一测试对象进行测试的时候，用两份资料或者试题进行测试，然后计算并分析两种测量所得数据的关系。这样一方面能够避免重复测试给被测试者带来精神上的疲劳，另一方面也能有效地提升测试的效度。

（3）分半法

分半法是在测量的过程中将测试的全部试题分为奇数部分和偶数部分，经过一次测量之后，检测两边分数的关系。分半法较前面两种测试而言较为简单。

（4）内部一致性法

内部一致性法是目前较为流行的且效果较好的一种测量方法，它是指经过对被测试者和测试内容的分析，从测量的构思层次入手，使测试项目形成一定的内部结构，并根据内部结构的一致程度判断测试的信度。

（三）测量法的要求

测量法是体育教学研究中较为常见的一种方法，其以数据为主导，比较注重数据的真实性。测量法的要求主要包括以下几个方面。

1. 数量化

教学研究中的测量法与其他方法最本质的区别，就是把所研究事物的某种属性或特征以数据的形式表现出来，并且用可以比较的数字计算结果。

2. 保证测量的效度和信度

由于测量法主要靠数据反映，因此应保证测量的效度和信度，这是衡量测量科学性和有效性的关键因素之一。对于测试者而言，在测试过程中应该尽量排除无关变量的干扰。

3. 采用适宜的数据处理方法

测量得到的数据是测量结果进行参考、比较的依据，因此在测试的过程中，除了要保证测试的效度和信度，还要强调数据单位的一致性，并采用适宜的数据处理方法。

第二章 高校体育教学理论基础

第一节 高校体育教学的思想

一、"健康第一"教学思想

　　1950 年，毛泽东给时任教育部部长马叙伦写信。针对刚起步的教育事业，毛泽东提出"健康第一、学习第二"的要求，旨在改变当时学生负担太重、健康水平日益下降的现状。中华人民共和国成立初期，党和国家高度重视青少年学生的身体健康。国民素质教育、国民体质教育、青少年儿童健康教育是当时体育发展的首要问题。20 世纪 90 年代的"健康第一"指导思想与 20 世纪 50 年代的"健康第一"教育思想有着本质的不同，这一时期的"健康第一"主要是对"素质教育"的诉求，是一种多样化与复合型的新型体育思想，强调体育教学"以学生为本"的理念。而进入 21 世纪后，我国对学生在体育教学中的全面发展投入了更多注意力，教育部和国家体育总局在 2006 年共同发表了《教育部国家体育总局关于进一步加强学校体育工作切实提高学生健康素质的意见》。为全面贯彻党的教育方针，认真落实"健康第一"的指导思想，在全国亿万学生中掀起群众性体育锻炼的热潮，切实提高学生体质健康水平，教育部、国家体育总局、共青团中央共同决定，从 2007 年开始，结合《学生体质健康标准》的全面实施，在全国各级各类学校中广泛、深入地开展全国亿万学生阳光体育运动。现阶段，我国学校体育的指导思想应当是"健身育人"。"健身"和"育人"被有机结合到一起后，方可把体育的教育本质表现出来，方可让体育与学校的其他课程一同系统地、全面地实现学校教育"健康第一"的目标。

（一）"健康第一"教学思想的依据

1. 符合世界发展潮流

1948 年，世界卫生组织指出，健康状态应当是没有疾病并维持身体、精神及社会三方面的良好适应，立足于身体、心理、社会三个层面来定义健康。随后，世界各地健康教育的开展情况呈现良好的势头。为了与世界卫生组织提出的健康指导思想保持统一，我国也提出了"健康第一"的体育教学思想。1990 年 6 月，我国教育部和卫生部（现国家卫生健康委员会）联合颁发了《学校卫生工作条例》，借助法律形式把健康教育纳入学校教学计划。一直以来，我国为体育教育与健康教育的改革和发展做出了很多尝试，打破了以往单一追求竞技体育金牌的模式，使群众性体育活动的领域得到拓展，采取多种方式吸引学生自觉参与体育锻炼，密切关注学生的生理健康和心理健康，使健康教育的发展速度更快、整体发展情况更平衡。2021 年全国教育工作会议指出，要落实立德树人根本任务，培养德智体美劳全面发展的社会主义建设者和接班人，促进学生身心健康全面发展。如今，体育课程深受重视，中小学基础教育阶段和高等学校教育的体育教育工作都对此做出了相应调整，不管是哪类学校，都要求教育落实立德树人根本任务，密切关注学生身心健康。

2. 健康教学思想适应了社会发展的需求

在当前的社会背景下，人们对健康教育的思考和认识更为深刻，越来越多的人开始关注健康。一方面，当今社会的持续进步为人们提供了很多便利，对人们的日常生活也产生了潜移默化的影响。在体力劳动逐年减少和饮食质量逐年提高的双重影响下，很多群体(包括学生在内)的体力活动都不断缩减，身体技能呈现出了不断衰退的趋势。另外，在过多摄入动物脂肪、蛋白、糖类等的情况下，很多人处于"亚健康"状态。据有关社会调查得出，我国学生的营养正常率并不理想，营养不良和低体重学生的比例较高，学生超重和肥胖现象也越来越普遍，近视率也逐年增高。我们要深刻认识到这些问题的严重性。因此，重视对学生的体育教学、改善学生体质是一个重要的社会课题。学校要总结经验与教训，全面贯彻党的教育方针，加大学校体育工作的力度，普及健身、卫生和保健知识，广泛关注学生健康及体育卫生。众多实践证实，学生主动参与体育健身活动不仅能够达到强身健体的目标，还有助于抵御各种疾病，对学生的智力发展也有着积极作用。另一方面，随着社会的持续进步，国家综合实力的竞争日趋激烈，但其根本是专门人才的竞争和劳动者素质的竞争，这种情况对我国教育而言是机遇，亦是挑战。我国要想在国家综合实力的竞争中占据优势，就必须培养出一大批优秀的人才，而培养出的人才不仅要有正确的政治思想、稳固的科学知识基础及运用能力，还一定要拥有良好的身体素质。针对以上两个方面，为了更好地促进学生的身心健康全面发展，学校在教育过程中应当密切关注学生的生理健康情况和心理健康情况，坚持"健康第一"教学思想。

（二）"健康第一"教学思想与体育教育之关系

近年来，"健康第一"教学思想在体育教学中的教学内容安排、教学方法选择、教学评价标准确定等方面得到了进一步贯彻落实。在新时期，"健康第一"于体育健康教育中的贯彻落实应注意以下几个目标的实现。

1. 落实体育健康教育标准

体育教学的所有环节都应当贯彻落实健康标准。教师应调整体育教学的各项内容，向学生传授科学的锻炼知识，最终使学生的身体素质得到质的飞跃，使学生树立起终身锻炼的意识。同时，体育教学也应当依据新的学生体质健康测试标准，根据本地区气候、资源及学校自身的教学特点来进行较大程度的调整；应允许学生根据自己的爱好和特点自由选择体育项目，使他们参与自己真正感兴趣的活动，从而熟练掌握适合自己的健身方法；不应再强调各项目的达标，而应在培养学生的终身锻炼意识方面下功夫。

2. 完善体育健康教育体系

体育本身就具备十分宽泛的知识面和深厚的文化底蕴，拥有多元教育价值。在体育教学的各个环节，教师应当科学渗透体育人文学、运动人体学、健康教育学等多方面的内容，使体育锻炼的科学性特征和人文性特征更加明显，激发学生对体育的兴趣，促使学生自觉探究体育的深远意义，适当增添保证学生身心健康发展的常识性内容，让学生逐步形成健康的作息习惯，培养其健康的心理。

3. 转变体育教学工作重心

在不断变化的社会背景下，体育教学应当把强身健体当成重要基础，推动学生的体质、心理、社会适应等方面都得到健康发展。

体育教学应当把学生的体质健康当成服务目标

在全面的健康观中，体质健康从很早之前就是颇受关注的健康内容。贯彻和落实"健康第一"的指导思想，要求体育教学和健康教育都把促进学生身心健康、提高学生身体素质、培养均衡发展人才当成重要目标。运动技术是学生锻炼身体的有效措施，此外，学生还应全面掌握体育和保健方面的知识，形成健康向上的锻炼习惯。

4. 在重视学生体质发展的基础上，重视学生的全面健康发展

当前，知识的更新和各个学科的发展状况史无前例，社会竞争也日趋激烈，没有强壮的身体、优良的体质、丰富的知识是不能适应这种变化的。在这样的时代背景下，我们更要坚持"健康第一"的指导思想。这也对学校体育教育提出了更高要求，即培养身体健康、心理稳定、拼搏竞争、团结协作的新型高素质人才。一方面，应关注学生的心理健康。社会主义市场经济的发展带来的竞争机制越来越激烈，来自社会各方面的因素（如学习、生活、升学、就业、恋爱、婚姻等）对学生的心理造成了极大的负荷，许多学生都存在着不同程度的心理问题。由此可知，体育教学应当把学生的心理健康教育摆到重要位置，促使学生的心理健康水平得到提升。具体而言，学校体育的组织形式应当

与学生的实际需求密切联系，体育活动的目标应有针对性，应立足于多个方面来评价学生的体育能力。另一方面，要把提高学生的社会适应能力摆在重要位置。体育是一种特殊的教育形式，在遵守特定规则的情况下，开展公平、公正、公开的体育竞赛，有助于创造和谐的人际关系，培养学生顽强的意志品质、集体协作精神，提升其心理调节能力，也能培养学生的社会公德和责任感，使其认真遵守社会规范，更好地适应社会环境。

（三）"健康第一"教学思想在体育教学中的应用

在现代体育教学中严格贯彻"健康第一"的指导思想，让学生拥有健康的体魄，为学生的终身教育打下良好的基础，是21世纪体育教育工作者应当完成的重要任务。在体育教学工作中贯彻"健康第一"的思想需要达到以下几个方面的要求。

1. 提高体育教师的综合素质

随着体育教育的逐步发展，体育教师不能只采取以往知识培养的单一教学模式，而要采用灵活的教学模式对学生进行多方面的培养。除此之外，体育教师还需要具备较高的科研探索水平。针对这两方面要求，体育教师需要掌握科学与人文方面的基本知识及稳固的体育基本功。第一，体育教师要熟知信息科学、生命科学、环境科学等基础知识，了解体育教育的人文价值，熟练掌握学生素质发展的规律，努力提高自身的综合素养。第二，体育教师要树立终身学习的思想，适应不断发展与变化的社会。体育教师也需要与其他任课教师、学生家长等人员加强合作，以形成协调效应，共同促进学生的健康全面发展。第三，体育教师应当不断地积累教学经验，主动参与各类体育教研活动，在体育教学过程中主动发现问题、探索问题、解决问题，使自己逐步发展成为同时具备探索能力和创造能力的教师。第四，体育教师要着重提高监控教学的能力。教学监控是体育教学活动的重要组成部分。体育教师对教学的监控能力包括对教学活动的决策与设计能力，课堂组织能力和管理能力，评估学生知识、技能的能力等。

2. 有机结合体育、营养、卫生、美育

学生在参与体育活动时，一定要保证充分摄入身体必需的营养，养成讲究卫生的良好习惯。所以，应当把体育教育和营养摄入、卫生教育密切联系在一起。落实到体育教学，则应当适当增强对学生的营养指导，向学生传授与营养、卫生相关的知识。体育是健与美的有机结合，体育内容与形式充满美的感受。寓美育于体育可提高学生对体育的兴趣，丰富学生的审美体验，提高学生发现美、创造美的能力。现阶段，学校体育与营养、卫生、美育的有机结合已经有了良好开端，也初步取得了良好结果，但未能形成完善的体系。这就要求学校紧密结合学生的生长发育特点与生活实际开展体育教育，采用多元化教育方式，并将营养教育、卫生教育、美育融入其中，促进学生生理和心理的健康发展。

3. 培养学生的健康意识

在体育教学的各个环节，教师均应采取多种方式把教学活动和学生的生活实践联系起来，促使学生逐步形成良好的健康意识，并让学生把所学知识自觉运用到实践中，主

动做出健康行为。详细来说，学校和体育教师在培养学生的健康意识时，需要高质量地完成以下几方面工作。

（1）结合学生的实际情况，编制适合学生发展的体育教材，组织学生参加体育运动。

（2）体育教师在教学过程中应遵循适量原则，不应矫枉过正。

（3）体育教师应加强对体育课外活动的指导力度。

（4）开展多种形式的体育比赛。

（5）有针对性地加强营养学、心理学、卫生、环保等方面的知识教育。

4. 不断提高学生参与体育的能力

在体育教学过程中，教师应当高效地向学生传授健康知识与科学的锻炼方法，充分利用社会体育资源开展各种体育项目，让学生参与体育的运动水平得到大幅度提升。健康知识与科学的锻炼方法对所有体育锻炼的参与者都至关重要，然而传统的体育教学往往存在重视运动技术传授而忽视健康知识传授的问题。学生只有全面掌握了健康知识与科学的锻炼方法，才不会漫无目的地参与体育锻炼活动，才能更加全面地认识自身实际情况，客观地评价自己的锻炼效果。传统体育教学往往只把场地器材、教师情况、学生情况视为重要考虑内容，而没有考虑到学生在步入社会后能否继续坚持所学运动项目，即没有考虑到学生能否发展终身体育。现阶段，体育教学各项工作的开展应立足学校实际情况，放眼社会，多开设社会体育设施建设较好的项目，为学生进行终身体育奠定良好的基础。丰富的体育运动项目可以激发学生对体育运动的积极性，从而使学生逐步形成良好的运动习惯。所以，在体育教学中坚持对各种体育运动项目的技术教学，可以培养学生对体育的兴趣。与此同时，要重视对健康知识和健身方法的传授，使学生在学校之外也能科学参与体育锻炼。

二、"以人为本"教学思想

（一）"以人为本"教学思想的内涵

"以人为本"教学思想被提出后，并没有立刻形成系统化的理论体系。早在商周时期，我国的先辈们就已经提出了民本思想，指出人民是整个国家的重要基础。发展到春秋时期，儒家倡导"仁者爱人"。战国时期，齐国管仲提出的"以人为本"治国思想，孟子提出的"民为贵"等思想，都与"以人为本"教学思想有着密切关系。毋庸置疑，我国古代传统的民本思想和现阶段的"以人为本"理念有很多不同之处。在西方，古希腊时期就出现了"以人为本"的理念与思想，而其正式形成则是在意大利文艺复兴时期。19世纪初，哲学家路德维希·安德列斯·费尔巴哈（LudwigAndreasFeuerbach）第一次提出了"人本主义"的口号。之后，很多人本主义哲学家选用非理性主义手段，使人本主义理论体系更为完善。在人本主义思想的长期作用下，西方教育在教育观念、教育目标、教育内容、教育手段等方面都进行了大幅度调整，对现代体育教学的发展进程起到了很大的推动作用。当前，"以人为本"思想已经演变成中西方体育教学的关键性思想。

马克思主义和与个体全面发展相关的理论是我国现阶段"以人为本"思想得以建立的重要基础。在体育教学中贯彻和落实"以人为本"的教学思想，不仅对我国实现科教兴国有重大意义，还对实现中华民族的伟大复兴有重大意义。

（二）树立"以人为本"教学思想的重要性

进入 21 世纪之后，人们对"人才是社会发展的核心要素"有了越来越深入的认识。我们要坚定不移地实施科教兴国战略，深化学校教育改革，保证人才的全面发展。在社会不断发展的时代背景下，积极贯彻落实科学发展观，坚持"以人为本"的教学思想，是体育课程改革的必然要求。在新的时代背景下，贯彻"以人为本"的教育理念对学校体育教育的发展和青少年的身心健康发展都具有重要的意义。近些年来，随着教育改革的不断深入，我国学校教育的发展成效十分显著。作为学校教育的重要组成部分，体育教育积极顺应时代发展趋势，大力更新教学观念，采取科学、人性化的教学思想，深入改革创新，让学生在终身体育理念的科学引导下健康全面发展。"以人为本"中的"人"既是个体，又是群体；既具有自然属性，又拥有社会属性。现代体育教学要树立"以人为本"的教学思想，坚定不移地实施科教兴国战略和人才强国战略，不断满足大众日益增长的教育需要。

（三）"以人为本"教学思想在体育教学中的应用

当前，我国正面临着多方面的机遇和挑战，因此教育需要达到多方面要求。贯彻落实科学发展观，贯彻社会主义核心价值观以及在教学中贯彻"以人为本"的教学思想是学校教育改革的必然要求。与此同时，我国现阶段的体育教学还面临很多需要解决的问题，表现出了许多不足之处。体育教育落实"以人为本"的教育理念，应当从以下两个方面着手。

1. 以学生为本

学生是体育教学的主体，以独立生命个体的形式存在，有资格获得认可与尊重，所以参与体育教学活动的教师应当树立以学生为本的观念，进一步丰富办学资源，尽全力为学生创造有利的学习条件；本着对学生高度负责的原则，向他们提供其发展所需的知识、技能等教学资源；尊重学生的个体差异，促进学生个性发展；完善培养方案，构建科学的课程体系；探索有效的教学方式，增强教学的感染力、吸引力，激发学生的学习动力，调动其学习的积极性。总之，在体育教学中贯彻以人为本的思想，就要关注学生的利益，树立为学生服务的观念，使学生获得全面且不失个性的发展。21 世纪以来，我国学校教育以惊人的速度不断发展，体育教育也要适应新时代的发展潮流，不断革新观念，以科学的、合理的、人性化的教学思想为指导，让学生获得健康全面发展。简单来说，现阶段的体育教育应当把保障学生身心健康当成开展体育教学的基本前提和开展体育活动的立足点。在体育教学的实际过程中，教师应采取多种方式让学生认识到自己的主体地位，培养学生主动参加体育锻炼的意识。在培养学生主体意识的过程中，教师应本着尊重学生、信任学生的原则，具体来说，要做到以下几点。

（1）尊重学生

教师应当树立以学生为中心的教育理念，在教育过程中尊重学生的身体发展特征，遵循学生的发展规律，同时对学生的个性予以尊重及肯定，贯彻落实因材施教的原则。

（2）宽容学生

推动学生健康全面发展是教师所有工作的最终目标。教师要想顺利达到这个目标，就必须对学习中存在问题的学生进行密切关注。学生之间难免会存在个体差异，所有学生都存在优势和劣势，教师应当正视这种差异，对学生的优势进行积极肯定，对学生的劣势多加包容并予以正确引导。教师应当把握好严格管理和适当宽容的度，且必须明确一点——体育课上不存在差生。在具体的教学工作中，教师对学习进度较为落后的学生要付出更多的情感和精力，首先对他们给予宽容与理解，减轻学生的思想负担，使其树立自信，激发其内在的精神力量，实现自我发展。

（3）丰富教学形式

体育教师在教学过程中应努力彰显学生的主体地位，采取多元化的教学形式（包括群体训练、小组合作练习、个人自觉练习等），推动学生自主学习。现代课堂教学是教师和学生共同探讨问题的重要阵地。在课堂教学中运用多种形式开展教学活动，让学生自主学习，彰显出"以人为本"的教学思想，有助于激发学生的内在需求，推动学生的不断进步。

（4）科学评价

学生体育教学评价的全面性很重要，全面评价需遵循"以人为本"的原则，充分重视学生的全面发展，通过全面评价，教师可以充分了解学生对体育学科的态度、参与体育锻炼的情况以及对体育技能的掌握和运用情况，从而有针对性地调整课程教学方案，使学生实现更大的进步。在体育教学过程中，教师要注重对学生体育学习情况的评价。一般来说，体育教学评价主要是对学生的平时表现、素质达标、技术技能运用等情况进行评价。然而，学生的学习能力存在差异，体育能力强的学生往往很容易得高分，而体育能力较差的学生往往付出很多努力但依旧很难得高分。因此，单一的评价方式无法客观反映学生的体育锻炼情况，同时也不利于激发学生参加体育锻炼的动力。由此可知，教师选用评价方式时应当尽可能全面、客观，应当联系学生的实际情况，如此才能推动所有学生的健康成长。

（5）构建和谐的师生关系

体育教学的基本原则是关爱学生生命健康，尊重学生人格和权益。教师要正确认识学生之间的差异，对学生的独立性、个体性予以尊重，与学生构建平等、和谐的师生关系。具体来说，在体育课堂教学中，教师要善于采用鼓励性的话语来激励学生、安抚学生。鼓励的话语可以给学生带来很大的安慰，可以使学生变得更勇敢、更自信、更有动力，从而达到良好的课堂教学效果。

2. 以教师为本

因为教师的"教"是学校培养学生和推动学生发展的手段，所以体育教学过程中也要以教师为本。以教师为本需要注意以下几个方面。第一，为体育教师提供良好的工作环境，对教师的工作量制定合理标准，客观评估教师的教学，奖励表现良好的教师。第二，时刻关注教师的发展情况。在体育教师管理方面，学校应当在各个环节贯彻落实人性化原则，促使体育教师积极履行个人义务，不可以防范性和强制性管理为主。第三，给予体育教师应有的尊重与信任，给予体育教师一定的自由，避免过度限制体育教师的思想和行为。

三、终身体育教学思想

（一）终身体育教学思想的概念

终身体育是指在人在生命中的各个阶段都要进行身体锻炼，接受体育教育与指导，具体来说，就是一个人从生命的开始到生命结束，都要适应环境与个人的需要，进行身体锻炼，以取得生活、学习与工作的物质基础。终身体育是终身教育的重要组成部分。终身体育思想的形成是人类自身和社会发展的必然要求。在理解终身体育时，可以从以下几个方面进行：在时间上，终身体育贯穿于人的整个生命过程；在活动内容上，终身体育包括多个运动项目的内容，可以结合自身的兴趣进行选择；在人员上，终身体育面向的是全体公民，特别是青少年学生；在意义上，终身体育有助于提升全体公民的总体素质，是富国强民的重要方式。终身体育是思想意识及行为倾向的有机结合。体育意识是终身体育的思想基础，其强烈程度直接影响着人们终身体育思想的形成情况。终身体育强调个体生命所有过程的体育，即强调体育锻炼贯穿于生命的全过程。将终身体育和全民体育统一是我国体育事业不断追求的目标。随着时间的推移，终身体育思想不断发展，在体育教育中的重要性越来越突出。终身体育需要由相互联系、相互作用的学校体育、社区体育以及家庭体育共同配合，从而共同影响个体。

（二）终身体育教学思想的特征

1. 终身性

终身体育彻底打破了以往体育教学过度重视运动技能学习的观念，发展并延续了学校体育教育。传统体育教学总是把个体接受教育的时间定位于在校期间，把学习及掌握体育理论知识和运动技能设定为体育锻炼的首要目标。然而，终身体育是在尊重个体生长发育规律与阶段性特点的基础上组织个体参与身体锻炼。

2. 全民性

终身体育具有全民性的特点，即所有人都可以接受终身体育，包括儿童、青少年、成人和老年人。以终身体育为指导开展全民健身运动，其实质是群众体育的进一步普及与发展。健康是一切活动的基本前提，人们要想更好地生活，就应积极参与并坚持体育锻炼。

3. 实效性

终身体育应当有清晰的目标，具体来说，就是一定要长期推动人们实现均衡发展，维持并提高人们的生活水平，提高人们的身体素质。广大群众为了提升自身的生活水平，往往会结合自身的情况来选择最佳的体育方式，其表现出的针对性特征和实效性特征都十分显著。从整体来看，终身体育锻炼应当设置明确目标，推动学生实现均衡发展与终身发展。

（三）终身体育教学思想在体育教学中的应用

1. 培养学生的终身体育意识

终身体育教育思想指导下的体育教学不仅追求学生某一特定的运动技能的熟练程度，而且重视培养学生分析自身综合运动实践情况的能力，注重对学生的体育兴趣的培养，把帮助学生养成良好的锻炼习惯作为教学的重要目标之一。学校在以终身体育思想为指导进行体育教育的过程中应当致力于提升学生的体育意识，具体措施如下：（1）重视体育兴趣引导心理学的有关理论证明，行为是在认识事物的前提下，在有动机和兴趣引发的基础之上产生的。在体育教学中，教师应当指导学生端正体育学习态度，制定适宜的体育目标，逐步形成持久、强大的学习动机，调动学生掌握体育锻炼与卫生保健等方面知识的积极性。除此之外，体育教师应当密切关注理论教学的实际效果，不断增强学生的终身体育意识，顺利实现体育的价值。

（2）重视体育习惯培养

体育教师应当指导与带动学生把体育锻炼习惯延续到校园生活以外，这不但有助于我国全民健身的发展，而且有助于终身体育社会价值的实现。

（3）重视体育素质培养

在体育教学过程中，体育教师应当制定详细的目标，对每节课以及所有课外活动都要提出有针对性的要求，将健身设定为基础目标，并把技能、知识等方面的教育内容都渗透到培养学生终身体育意识的过程中。

2. 重视学生自我发展与社会需要的结合

人要根据年龄阶段、生活环境、职业特点等来选择相应的锻炼内容和锻炼方法，进行不同形式的身体锻炼。学校体育教学为未来扮演不同社会角色的学生提供一个良好的参与体育的契机，指导他们参与体育锻炼，以便其进入社会后可以更好地适应社会。因此，终身体育不仅要促进学生在学校的发展，还要充分满足社会发展对学生未来的发展需求，这就要求体育教育同时重视学生的当前发展和长远发展。具体来说，在体育教学过程中，要实现学生自我发展与社会需要的结合，应该重点做好以下几方面工作。

（1）明确学生个体需要与社会需要的相对地位，这是正确处理学校体育发展与社会需要适配性的关键。

（2）明确学生需求和社会需求之间的联系。学生个体需要是促进学校体育文化发展的重要动力，社会需要是体育运动发展的外在要求。

（3）体育教学应当以学生为主体，并努力让学生的学习需要和发展需要都能够获得满足。

（4）对学生个体发展和社会需要在各个发展阶段的矛盾进行灵活有效的处理。尽管社会需要和个体需要在终极目标上应当维持统一，但并不是说二者之间不存在矛盾。学生的终身体育发展为社会对人才的实际需求打下了基础，但学校体育教学涉及方方面面的内容，不可以把社会需求当成唯一的服务对象，即不能过于功利化，而要兼顾"以人为本""健康第一"等原则。

（5）重视学生对系统的体育基础理论知识、科学的身体锻炼方法的掌握，培养学生从事终身体育的能力。

（6）校园体育教学应时刻注重对学生的生理、心理、行为模式、思想意识等方面的调查与研究，同时以社会需要为基础，以"是否符合社会发展需要"作为衡量学校体育教学合理和成功与否的重要标准。

3. 拓展和丰富体育教学内容

我国当前的学校体育改革目标主要定位于让学生在有限的在校时间内掌握体育基础知识与基本技能，在未来可以独立、自觉、持续地进行身体锻炼，即践行终身体育。学校体育的重要任务之一就是培养并增强学生的终身体育观念，落实到行动上，就是设置多元化的体育课程内容，具体措施有如下几点：

（1）在体育教学中积极开展学生乐于接受的体育项目。

（2）适当组织各类运动的赛事，如篮球运动赛事、足球运动赛事、健美操运动赛事等。

（3）在体育教学中适当安排长跑等锻炼内容，同时结合季节特征作对应安排。

（4）指导学生密切关注体育界的最新动态，向学生传授体育竞技规则与裁判的基础知识，详细解说某些大型体育赛事的技巧。

（5）支持学生自行组织比赛，培养学生的自我组织能力和参与体育活动的意识。

（6）课内外教学相结合对于终身体育也是有积极意义的。高校可以通过开设体育选修课让学生选择自己感兴趣的体育项目来学习，从而发挥自己的体育特长，养成良好的体育习惯，为终身体育打下坚实基础。

4. 不断提升教师的综合素质

教学是教师最基础与最核心的工作，教师的教学能力往往对体育教学质量有着重要影响，所以体育教师应当借助多种方式来提升教学能力，从而提高教学质量。

（1）教师应树立起重视体育教学思想的意识，并在教学过程中积极贯彻落实。教育直接关系民族的兴亡，健康的人才才是祖国未来需要的人才。所以，体育教师需要时刻考虑如何将祖国未来的希望——学生培养成全面发展的新型人才。

（2）在体育教学过程中，如有意外情况出现，教师可以对课程进行适度的调整。体育教师不应拘泥于提前设计好的方案，而应当用不断变化的视角来观察课程方案实施的情况，然后结合实际情况来对课程进行合理调整，从而更好地指导学生的体育学习。

（3）体育教师应当积极适应时代发展的实际需求，在体育教学过程中积极进行自我更新与自我优化，树立新的教育观念，选用切实可行、创新性高的教学手段来开展各项教学活动，激发学生参与体育运动的主动性，调动学生参与体育活动的兴趣，使学生形成良好的体育锻炼习惯。

第二节　高校体育教学的特点

一、内外合一的健身系统性

体育教学的对象是学生，体育教学效果要在学生身上体现出来。学生具有很强的可塑性，体育教学的每一个步骤都将直接影响学生成长。体育教学的良好教学效果在学生身上的体现不仅是外在的肌肉线条的流畅、骨骼的完善发育、内脏器官的健全发展等生理性指标，还包括心理健康发展。体育教学内外合一的健身系统性体现了身体发育的有序性和全面性。

（一）身体发育的有序性

身体发育的有序性表现在学生身体形态发展的"序"和身体主要器官发展的"序"。

1. 身体形态发育的"序"

身体形态指体格、体型和身体姿势。不同年龄阶段的形态指标具有不同特征。人的身体形态生长发育顺序是头部优先，上身次之，下肢在后，所以婴儿的头大，上身长，下肢短；第二次突增期后，下肢迅速发育，其次是躯干，而头部发育则不明显。在形态发育过程中，由于骨骼的发育快于肌肉，所以人体各长度指标（身高、上下肢长、手长、足长等）的增长领先于围度或宽度指标（胸围、臀围等）。此外，随着年龄的增长，学生体型也不断发生变化。从学生形态发育的年龄特征出发，体育教学中的"有序"表现在：学生快速发育期间，应加强合理的运动锻炼，以增强对骨骼的血液供应，促进骨骼的快速增长。此外，通过剧烈活动，使肌肉获得更多的氧气和营养，从而促进肌肉增长。在第二次生长发育期间，由于脊柱的增长加快而体重增加较慢，肌肉的支撑力较弱，很容易出现脊柱异常现象，一定要注意培养学生正确的坐、立、走、跑等身体姿势，加强胸、腰、腹部肌肉锻炼，使肌肉适应脊柱骨增长的速度，促进身体形态的正常发育。同时，由于下肢骨增长较快，下肢在身高中的比例加大，应侧重学生跑、跳、踢等运动能力的发展。

2. 身体主要器官系统发育的"序"

（1）神经系统

青少年神经系统的发育有如下特点：神经的兴奋与抑制过程不均衡，兴奋占优势而且容易扩散，表现为活泼好动、注意力不集中；第二信号系统的发育远远落后于第一信号系统，表现为抽象思维能力较差；青春期性腺活动加强，性神经系统的稳定性受影响，表现为协调能力下降；神经细胞的工作能力较低，神经过程的强度小，代谢旺盛，表现为易疲劳，但恢复较快。

（2）骨骼肌肉系统

骨骼的发育一般在 20 ~ 25 岁完成，肌肉的发育要到 30 岁左右才完成。青少年学生的骨骼肌肉系统有如下特点：骨骼发育主要表现为长骨的快速生长，骨的成分中水分较多，有机物和骨松质较多，所以骨的硬度小，韧性大，韧带薄而松弛，伸长性较好，坚固性较差；肌肉的增长主要表现为长度的增加，肌纤维细长，所以肌肉力量和耐力差，大肌肉群发展较早，小肌肉群发展相对晚些。到性成熟阶段，青少年身体各部分宽度指标增长加快，骨骼的粗硬程度和肌肉力量明显提高。

（3）呼吸系统

大学阶段的学生呼吸肌增强，呼吸频率逐渐减慢，呼吸深度加大。

（4）心血管系统

心血管系统是人体发育最晚的系统。大学生心血管系统的特点如下：心肌纤维细，心脏收缩力较弱，心率快，但血管壁弹性好，对心脏射血有较大的缓冲作用；大血管和毛细血管口径相对大些，血液外围阻力小，收缩压低；植物性神经对心脏调节功能不完善。从青少年学生主要器官系统机能发育的"序"出发，高校体育教学中的"有序"表现在安排体育教学的负荷时，运动强度不宜过大，而运动密度应稍大一些。在高校体育教学中，除应多安排不同负荷的各种练习以发展大肌肉群力量外，还应同时安排发展小肌肉群力量的各种练习。

（二）身体发育的全面性

体育教学是增强学生的体质、提高其健康水平的过程，不仅具有使学生精力充沛、顺利完成各项学习任务的近期效益，而且具有奠定学生终身体育基础、提高全民身体素质的长期效益。因此，体育教学中身体发育的全面性体现在以提高健康水平为目标，使学生身体各个部分、各种运动能力、身体素质及生理机能都得到均衡、协调的发展，克服对局部肌肉力量和意志磨炼的片面追求，避免对人体局部机能的强化和单项运动能力的强求；在生物学指标（遗传因素）、医学指标和生理指标的监督下，尊重学生的先天条件、兴趣爱好和性格特征，因人施教，不拘一格地促进其全面发展。

二、身心合一的健身统一性

体育对人的改造既是形态结构与生理机能的统一，也是身与心的统一。体育教学要在追求学生身体改造的同时，注重学生的心理发展。因此，体育教学要善于营造不同于智育教学的、生动活泼的教学气氛，为学生的心理健康发展提供良好的环境；要善于利用体育活动自身所蕴含的吸引力，并通过合理的教学组织，使这种吸引力增加。体育教学应该是一种快乐的教学，要重视学生的主动参与，重视情绪的积极体验，重视个性的独立解放，营造宽松、和谐的人际关系，使学生在轻松愉快的环境中获得身心的健康发展。体育教学中身心合一的健身统一性体现于三个方面。

（一）选择全面的教材

选择体育教材时不仅要注重教材对学生身体各部分、各种运动能力和各种身体素质的积极影响，而且要注重教材对学生心理的影响，尽可能从心理学、美学和社会学方面使学生得到良好的体验，在完成动作的过程中感受成功的喜悦。

（二）选用生动活泼的教学形式

教师应舍弃单一、枯燥的教学形式，选用生动活泼的教学形式，让学生活动得更自由、更自在、更开心、更充分，从而达到让学生身心和谐、内外兼修的目标。

（三）注意学生的心理发展

在注重学生生理负荷的同时，还要注重学生的心理活动规律。在接受体育教学时，学生的身心同时参与了活动。在体育练习和休息的交替过程中，学生的生理机能变化有一般的规律：当进行体育练习时，生理机能水平开始上升；达到一定水平后，保持一定时间，然后开始下降。在一定范围内，由于体育练习与休息合理交替，所以学生的生理机能变化呈现出有一定规律的波动。与此相适应的，学生的心理活动（主要指思维、情绪、注意力、意志）也呈现出规律性的波动。这种生理、心理的规律性波动体现了体育教学鲜明的节奏性和身心的和谐、统一。

三、教学过程的教育性

教学过程永远具有教育性，体育教学自然也是如此。体育教学的教育性主要体现在两个方面。第一，体育教学中组织的每一项活动均有一定的目的、原则、规则、内容等，这些是构成体育教学环境的基本因素。学生在这一环境中进行学习、锻炼，就会受到直接的影响。体育教学环境还包括使用的教材、教师采用的教学方法、教学条件、学校传统和班级风气等。这些因素提供了有利于学生个性品质形成的机会和情景，会潜移默化地影响学生，并可促进学生将在体育学习中收获的良好的品质迁移到学习、生活和工作的各个方面，以收体育之效。第二，在体育教学中，学生的思想、感情、作风等很容易自然地表现出来，这有利于教育者把握学生的特点，从而对他们进行有针对性的教育。体育教学中融入的思想品德教育内容是极其丰富的，主要包括：培养热爱集体的情感和意识，培养团结友爱、关心他人、互助合作的意识，培养竞争意识和"胜不骄，败不馁"的精神，培养坚忍不拔、勇敢顽强、机智果断等优良的意志品质。

四、教学目标的多元性

体育教学既有强身健体、提高运动技能的目标，又有调节情感、提高心理素质的目标，还有促进交往、建立和谐关系、规范运动行为等目标。体育教学目标受社会环境的影响比较大，在特殊的社会背景下，往往会出现代偿性目标。体育教学目标的多元性与其他学科教学目标相比，有过之而无不及。

五、授课活动的复杂性

为提高教学的有效性，体育教师课堂教学特点非常突出。体育教师不仅需要将教学活动组织得有序、得当，还需要调控学生的运动负荷；不仅需要进行言传指导，还需要进行动作示范；不仅需要具备一定的教学素养，还需要掌握运动技能。体育教师的教学工作既是体力活动，也是智力活动。体育教师既是知识技术的传授者，也是活动的组织者。由此可见，体育授课活动比理论学科的授课活动更为复杂。

六、内容编制的制约性

体育教学的内容不仅包括体育理论知识，还包括体育运动项目等实际操作方面的内容，各方面内容在教学中所占比重都要受到体育教学目标和教学时间的制约。另外，虽然体育教学内容中有些运动内容之间逻辑性不是很强，但这些内容也不能随意编制，不仅要考虑内容的功能与价值，还要考虑学生的身心特点和本校的实际情况。

七、环境管理的重要性

体育教学大都在室外进行，受外围影响比较大。另外，体育活动中学生的流动性也使开放性教学环境的管理更加复杂。教学的安全性、健康性、有效性等目标的达成都要求重视对教学环境的管理。

第三节 高校体育教学的规律

体育教学过程是一个运动、变化和发展的过程，是体育教学各要素相互联系、共同作用的过程。这个过程具有一定的规律性，认识和驾驭这些规律，根据规律去确定教学原则、教学方法、教学组织形式和教学手段，是实现教学目标、提高教学质量的基本保证。体育教学过程的规律可分为一般教学规律和特殊教学规律两类。

一、体育教学过程的一般规律

体育教学过程的一般规律是指体育教学同其他学科教学过程所共有的普遍规律。

（一）社会制约性规律

体育教学是一种培养人的社会活动，它要受一定社会的物质、文化条件，特别是一定社会教育目标及其内容的制约。在不同的社会制度、不同的国情下，体育教学目标和内容不尽相同。我国的体育教学是学校教育的组成部分，是实现学校教育目标的基本途径与重要手段之一。同时，体育教学必须与社会发展的条件相适应，并随着社会需要的变化而变化。

（二）认识规律

体育教学以辩证唯物主义的认识论作为方法论基础。人们对任何事物的认识首先是从对事物存在现象的感性知觉开始的。人靠着感觉器官建立了与外部世界环境的联系，然后通过抽象思维把感性认识提高到理性认识，认识事物的本质，揭示事物发展的规律，最后形成科学的概念，并通过实践去验证这些概念。体育教学过程也是学生的一种特殊认识过程。学生在学习和掌握体育知识、技术与技能的过程中，必须遵循认识活动的规律。在体育教学过程中，教师要引导学生将感知、思维和实践三个环节紧密结合起来。感知是认识事物的开始，是形成表象的基础；思维是形成理性认识、掌握动作的关键；实践是巩固和运用知识、改进提高运动技术、发展身体、增强体质、促进健康、培养良好思想品德的途径。

（三）学生身心发展的规律

体育教学的对象是学生，学生的身心发展具有一定的规律性。在体育教学过程中，制定教学目标，安排教学内容，采用相应的教学组织形式、教学方法与措施等，都必须从不同年龄、不同性别学生的身心发展特点出发，因材施教，如此才能获得理想的教学效果。

（四）教与学辩证统一的规律

体育教学过程是教与学的矛盾运动过程。为实现教学目标，必须正确认识和处理教与学的关系，既要充分发挥体育教师的主导作用，又要十分重视调动学生学习的积极性和主动性。体育教学过程的实质是教师采取有效措施，引导学生学习，使学生由不知到知、由知到用的转化过程。在这一过程中，教师起着主导作用。但是，教师的主导作用只是教与学关系的一个方面，学生才是学习的主体，如果只有教师的主导作用，而没有学生学习的积极性、主动性相配合，那么教师的主导作用就不能得到发挥。教师在教学过程中是否发挥了主导作用，其主导的效果如何，主要看学生学习的积极性和主动性能否被调动起来，只有教师与学生积极配合、协调一致，才能取得好的教学效果。

（五）教育、教养与发展相统一的规律

教师的教学过程同时也是学生受教育的过程。教师对学生进行知识、技术、技能的传授，同时对学生进行思想品德教育，使他们的思想感情、精神面貌、道德情操以及意志品质都受到熏陶，这是体育教学的教育目标；以系统的知识、技术、技能武装学生，这是体育教学的教养目标；在向学生传授知识、技术、技能的同时，还必须充分发展学生的体力和智力，这是体育教学的发展目标。教育、教养和发展是密切相关的统一整体。教学实践表明，三者之间相互联系，相互促进，互为因果，统一于体育教学总目标之中。

（六）教学内容和教学过程相统一的规律

任何一门课程都是教学内容与进程的总和。在教学过程中，教学内容决定根据哪些原则，采用何种教法，运用哪种组织形式等进行教学。因此，教学内容影响着教学的进程，而教学过程的其他规律也制约着教学内容的选择和体系的构成。

（七）教学效果取决于教学基本要素合力的规律

体育教学的基本要素对教学效果有着直接或间接的影响，但这种影响不是由某种要素孤立、简单地产生的，而是各要素相互制约、相互联系、相互作用而产生的。也就是说，在体育教学过程中，每个要素都在产生一定的力，但影响教学效果的合力并非各要素之力的简单相加，而是各要素相互作用而形成的。因此，在体育教学中，起主导作用的教师应处理好与其他要素的关系，确定合理的教学目标，精选教学内容，选用适当的方法、手段与组织形式，创造良好的教学环境，充分考虑学生的心理和生理特征，深入了解学生的知识、经验基础以及学生学习动机、兴趣、态度、方法等。

二、体育教学过程的特殊规律

体育教学过程的特殊规律是指体育教学过程中所特有的规律。

（一）动作技能形成的规律

体育教学要让学生学会和掌握一定的运动技能，而运动技能的形成要经历一个由不会到会、由不熟练到熟练、由不巩固到巩固的发展过程。动作技能的形成通常分为三个阶段，即粗略掌握动作阶段、改进与提高动作阶段、巩固与运用自如阶段。第一阶段，粗略掌握动作阶段。这是学生学习新动作的开始阶段。这一阶段的特点是大脑皮质兴奋与抑制扩散，条件反射联系不稳定，内抑制不够，表现为做动作很吃力，肌肉紧张，肢体不协调，控制力不足，并伴随着一些多余动作。这一阶段教学的主要任务是使学生建立动作的正确表象和概念，防止出现多余动作和错误动作，使学生在反复练习的过程中粗略地掌握动作。此阶段应注意动作的主要环节的教学，不必过多强调动作细节和规格要求。第二阶段，改进与提高动作阶段。这一阶段的特点是大脑皮质兴奋与抑制过程处于分化阶段，大脑皮质兴奋相对集中，内抑制逐步发展巩固，并初步建立起动力定型，能比较精确地分析与完成动作。在练习过程中，大部分错误动作得到纠正，学生能比较顺利和连贯地完成完整动作技术，但不熟练，如果遇到新的刺激，还会出现多余和错误的动作。因此，这一阶段教学的主要任务是使学生在粗略掌握动作的基础上，进一步消除错误的动作，加深对动作各部分之间内在联系的理解，进而掌握动作的细节，建立动作的动力定型，提高动作的协调性与节奏性，发展体力，从而能够轻快、协调、正确地完成动作。根据这一阶段的特点，教师应引导学生反复练习，启发学生的思维，采用比较、分析等方法，使学生了解动作之间的内在联系，在保证动作质量的前提下，加大运动负荷，以提高动作的质量。第三阶段，巩固与运用自如阶段。这一阶段的特点是大脑皮质兴奋高度集中，内抑制相当牢固，形成牢固的动力定型，表现为能够很准确、熟练、省力、轻快地完成动作，并能够灵活自如地运用动作，达到自动化的程度。当然，随着动作的不断重复和动作细节的不断改进，动作的准确、熟练和自动化的程度还会不断提高。但是，如果长期中断练习，已形成的动力定型就又会逐步消退。因此，这一阶段教学的主要任务是巩固发展已形成的动力定型，使学生能熟练、省力、轻快地完成动作，并能在各种复杂变化的情况下灵活自如地运用动作。上述动作技能形成的三个阶段是有机联系的。在体育教学实践中，由于教学内容的难易程度、教师的教学组织水平以及学生的体育基础等条件的不同，三个阶段的具体特点和所需时间也各不相同。由此可见，三个阶段的分类也是相对的，没有明显的界线。尽管如此，动作技能形成的三个阶段是客观存在的，在不同的阶段中，动作技能的教学各有特点，也各有与其相应的教学目标和要求。只有根据这些特点、目标和要求，采用相应的手段和方法，才能事半功倍。

（二）人体机能活动能力变化的规律

在体育教学过程中，机能活动能力的变化与人体有关器官系统的功能是密切相关的。教师在组织学生进行反复练习时，学生的人体机能活动能力会发生一系列的变化，这种变化是有一定规律的。当人体开始运动时，由于机体惰性的影响，人体各器官系统的机能活动能力从相对较低的水平逐步上升，这一阶段被称为逐步上升阶段。在之后的一段时间内，人体机能活动能力稳定在最高水平附近的范围，此阶段被称为稳定阶段。人活动到一定的程度后会产生疲劳，人体机能活动能力下降，经过休息，人体机能活动能力又逐渐恢复到相对安静时的水平，这个阶段被称为下降和恢复阶段。由于年龄特点、身体健康状况、体育基础水平、教材的性质、教学组织方法以及气候条件等不同，学生机能活动能力上升阶段所需要的时间、最高水平、稳定的时间，以及承担急剧变化负荷的能力均有所不同。学生的年龄不同，机能活动能力的特点也不同。大学生一般年龄在18～22岁，属于青年阶段，身体机能活动能力是最旺盛的。随着身体训练水平的提高，身体机能活动能力上升阶段的时间可以缩短，保持最高水平的时间可以延长，承担高强度的、急剧变化的负荷的能力也会提高。另外，气候炎热时，上升阶段所需要的时间就比较短；气候寒冷时，上升阶段所需要的时间就相对长。体育教学过程必须遵循人体生理机能活动能力变化的规律，结合学生的具体情况，正确地组织与安排教学，循序渐进。

（三）人体机能适应性规律

在体育教学中，学生积极地进行身体活动，反复进行练习，促进体内供能物质不断消耗，以释放出能量满足活动需要，此过程必然引起疲劳和暂时的身体机能下降，但疲劳同时也能刺激恢复，促使能量储备加强，出现超量恢复，提高机体的适应能力。在恢复阶段，如果人体内的能量物质不仅恢复到运动前的原有水平，并且在一段时间内超出原有水平，这种恢复被称为超量恢复。超量恢复就是在体育教学中促进学生新陈代谢、提高学生机体能力的过程，这个过程是有阶段性的。

第四节　高校体育教学的意义

一、有利于培养和发展学生良好的体适能

体适能在我们的日常生活中非常重要，它是衡量一个人适应正常生活所需要的身体能力的指标。由此可以看出，培养和发展学生的体适能不仅能促进学生的身体健康，而且能提高其对各种环境的适应能力。体适能发展得越好，学生的健康水平也就越高。高校体育课程通过各种教学设施和锻炼活动发展学生的体适能，一方面为他们身心的健康发展奠定了良好基础，为国家塑造了有用之才；另一方面提高了全民的健康素质，减轻了社会的医疗负担。所以，高校体育教学在提高国力方面起着积极作用。

二、有利于提升学生的体育文化素养

学校体育，特别是高校体育，是我国体育文化传播的主渠道之一。众所周知，体育运动是极富激情和活力的活动。通过参与各项体育活动，人们可以从中获得人格、气质、修养等方面的熏陶。体育不只是学生的专利，更应该成为一个人终身的一种文化素养，这对于提高人们的生活质量具有至关重要的作用。体育文化素养是素质教育的重要内容，它是由一个人的体育知识、体育技能、体育意识、兴趣和习惯等因素决定的。大学生正处在人生观、世界观、价值观初步形成和完善时期，一方面积累了一些社会生活经验，掌握了一些系统的科学知识，对自然、社会以及人生等问题形成了自己的看法，另一方面也存在着知识和经验的局限性，对事物的看法往往不够准确和深刻，有时十分片面，所以高校教育对他们有着非常重要的帮助作用。此外，大学生热情奔放，充满活力，渴求知识，接受能力强，所以对他们而言，大学正是学习体育知识、技能的良好时期，也是增进体育意识、培养体育兴趣和习惯的良好时期。因此，高校体育教学不但要注重体育技能的传授，而且要重视体育文化的传承，在教育教学过程中要充分发挥体育文化和环境的潜移默化作用。

三、有利于培育学生健康的心理品质

第一，增强意志品质。当代高校体育教学的目的不仅在于提高学生的身体素质，而且在于培养学生的意志品质。随着时代的进步和我国社会经济的发展，当代大学生的家庭生活越来越富裕，所遇到的来自各方面的困难越来越少，心理素质没有得到充分的锻炼，面对挫折、失败等困难时不能正确对待；很容易受周围环境的影响，很少积极主动地发挥主观能动性。这些现象的产生固然有时代影响等客观原因，但也有大学生心理素

质不高的主观因素。众所周知，参与体育活动不仅能强身健体，还能磨炼意志。在运动中，身体和心理的负担都是对人体的一种考验。因此，高校体育教学在培养大学生良好的意志品质方面也起着重要的作用。第二，培养良好的竞争意识。当前，我国社会正处于转型时期，社会竞争激烈。高校体育教学应充分利用体育竞赛的规则来培养和强化学生公平、公正、公开的竞争意识。鼓励学生积极参与竞争可以增强他们适应未来社会的能力。在鼓励学生参与竞争的同时，还应强化学生的合作意识。这就为学生打好了步入社会的心理基础，从而为社会培养出高质量的人才。第三，提高团队意识和协作精神。随着社会合作化程度的不断加深，单人的力量日益显得单薄，而团队意识和协作精神越来越受到社会的重视。所以，高校体育教育应利用课堂体育技能的教学、课外体育活动或竞赛来培养学生顽强拼搏的进取精神和团结协作、互助友爱的团队精神，帮助学生形成胜不骄、败不馁的意志品质。这样就把体育教育拓展到了健康教育与终身教育的层面，使得体育教学对人的团队意识和协作精神培养的作用和效果愈加显著。

第五节　高校体育教学内容

一、高校体育教学内容的概念

高校体育教学内容是那些以身体练习、运动技能学习和教学比赛等为形式，经过组织加工后的，可以在教学环境下进行的内容总称。高校体育教学内容与一般教育内容的区别，主要表现为以下几点：①它是根据学生发展需要和教学条件而加工出来的教学内容；②它是以大肌肉群的活动状态进行教育的内容；③它是在体育教学环境下传授的。例如，语文、数学等学科没有以运动为媒介，也没有以技能形成为目标，因此，没有人认为其教学内容是体育教学内容；而一些与人体活动密切相关的教育形式和内容，如军训伴有大肌肉群运动，但由于其培养目标不是形成运动技能，也不是在体育教学环境下进行的，因此，也不被认为是体育教学内容。高校体育教学内容也有别于体育运动的内容，主要表现为以下几点：①体育教学内容是以教育为目的的，体育运动内容则不是以教育为主要目的，而是以娱乐和竞技等为主要目的；②体育教学内容必须根据教育的需要进行必要的改造、组织和加工，而对体育运动内容则不必进行这种改造。例如，奥林匹克运动会中的田径是以夺取竞技胜利为目的、按公正比赛的原则进行组织和加工的内容体系，因此，它没有必要考虑怎样通过田径实现教育目的，也不必从教育的角度出发去做什么改造。而作为教学内容的田径，则必须根据某个阶段的教学目标、受教育者的年龄和身心特点、学校的场地器材情况、教学课时和教学计划安排予以改造，因此，它在许多地方有别于在竞技场上进行的田径运动。现实中，有些同名的体育运动内容和体育教学内容会有很大差异。体育教学内容属于教育内容，但在形式上与很多教育内容相去甚远；同时，体育教学内容来源于体育运动内容，形似于体育运动内容，却在体系上不同于为了娱乐和竞技的体育运动内容。这形成了体育教学内容的独特性质和在教育内容中的独特位置，也使得体育教学内容的选择、加工以及教学过程都更加复杂多变，使得"竞技运动教材化"的必要性和紧迫性更为突出。

二、高校体育教学内容的特性

作为高校教育内容的一个重要组成部分，体育教学内容既具有与其他学科教学内容相同的特性（如教育性、系统性和科学性等），也具有自身的独特性。总体而言，高校体育教学内容的特性如下。

（一）教育性

高校体育教学内容是对受教育者身心进行教育的重要载体。当人们把众多的体育运动内容选为教育内容时，首先想到的是其教育性。高校体育教学内容的教育性主要体现在以下几个方面：①对大多数学生来说较为适合；②对学生的身心发展有利；③既有一定的冒险性又相对安全；④摒弃了危险度高的内容；⑤避免了过于功利性的内容。

（二）系统性

高校体育教学内容的系统性主要表现在以下两个方面：①体育教学内容本身必须有它的系统性，虽然这个系统性由于体育运动的特点，不同于其他教育内容的系统性，但体育运动内在的规律使内容与内容之间、项目与项目之间、技术与技术之间有着某种相关的联系和制约因素，形成体育教学内容的内在结构，而这一内在结构是我们编制体育教学内容的依据；②我们必须根据教育目标、学生不同年龄阶段的生长发育特点、教学环境和教学条件等方面的因素认识体育教学内容的内在规律性，系统地、合乎逻辑地安排各个学校、各个年级的教学内容。

（三）科学性

由于体育教学内容是在学校进行的有目的、有计划、系统的教学内容，因此体育教学内容也必须同其他的教育内容一样，具有很强的科学性。高校体育教学内容的科学性主要体现在以下三个方面：①高校体育教学内容本身具有丰富的内涵，是人类文化和科学的结晶，如身体科学原理、锻炼科学原理、训练科学原理以及相关的社会科学原理等；②在筛选高校体育教学内容时，人们会有意识地把那些科学和文化含量高的内容优先选择到教学内容中来；③在编制高校体育教学内容时，必须遵循有关规律与原则。

（四）健身性

由于高校体育教学内容的很大一部分是以大肌肉群运动为主的技能学习与练习，学生学习高校体育教学内容就必然会对身体形成一定的运动负荷，因此在运动量合理的情况下，参加体育教学内容的学习和练习，都会起到锻炼身体的作用。虽然这种锻炼作用受教学时间的安排、运动量的多少等各种因素的影响，经常处于非组织性的状态（即对健身作用的难以控制性），或者说只是一种副产品的状态。针对这样的情况，在教学实践中有很多追求体育教学内容健身性的努力，如在编制体育教学内容时根据受教育者的身心特点将这些健身作用进行科学化的设计和控制，在体育教学中将以身体不同部分为主的内容进行搭配的尝试，在教学过程中对运动负荷大小进行合理安排的尝试，对教学内容的健身效果予以评价等。高校体育教学内容的健身性是其他教育内容所不具备的。

（五）人际交流的开放性

由于高校体育教学内容多是以集体活动的形式进行的，而运动是以位置的变动方式进行的，在运动、练习和比赛中，人际交往是极其频繁的，因此，与其他的教育内容相比，高校体育教学内容具有更加明显的人际交流的开放性。高校体育教学内容以人际交流的开放性为基础，构成对集体精神、竞争、协同培养的独特功能，使得在体育教学内容的学习过程中师生、生生之间的关系更加密切，一些以小组为单位学习的内容使得组内的各种分工明确，在体育学习中的各种角色变化远远多于其他的教育内容。

（六）运动实践性

运动实践性是高校体育教学内容最突出的一个特点。这里的运动实践性是指高校体育教学内容绝大部分是以身体练习的形式开展的体育运动，体育教学内容与体育实践活动密切相连，受教育者本人必须在从事大肌肉群运动时才能真正学会这些内容。当然，高校体育教学内容也有与其他学科一样具有知识学习和作风培养的内容，但是高校体育教学内容的知识学习和作风培养必须通过运动的学习和实践来体验，通过运动中的本体肌肉感觉和记忆才能准确获得，这一点与其他学科的教育内容形成鲜明的对比。

（七）娱乐性

体育教学内容来自体育运动内容，而体育运动的大部分又来自人的娱乐性运动，因此，体育教学内容自然内含运动的乐趣和娱乐性。体育运动的乐趣体现在运动学习和运动竞赛过程中的竞争、协同、克服等心理过程中，体现在受教育者对新的运动的体验和对学习进步的成就感等方面，体现在运动的环境、场地、比赛规则、比赛形式等变化和加工方面。当受教育者在学习体育教学内容时，必然存在对这些运动乐趣的追求动机，体育教学的效果也受到体育教学内容娱乐性的影响，这也是体育教学内容与其他文化课教学内容的重要区别。

三、高校体育教学内容的分类

高校体育教学内容的分类历来是一个令体育教学工作者颇费脑筋的事情。因为体育活动来源于多种不同目的的活动，具有诸如健身、娱乐、培养技能、进行思想品德教育等多种功能，对人的身心有着不同的影响。它可以为多种教育目标服务，也可以根据从事的活动形式分成多种类型，而且不同的运动有其不同的乐趣特征。因此，高校体育教学内容可以根据"功能""目标""作用""形式""乐趣特征"等多种分类方式进行分类。现实中，高校体育教学内容的分类方法虽然是多种多样的，但基本上以"以运动项目分类""以体育教学内容的内在功能进行分类"两种分类方法为主。

（一）以运动项目分类

以运动项目分类是一种常见的分类方法，它是按照运动比赛的名称和内容进行分类的，如篮球、足球、田径、体操、武术、游泳等。这种分类方法的优点是它与社会上的体育运动相一致，容易理解名称和内容，但是缺点也比较多，具体有以下几点：第一，这种分类方法容易否定一些中间性的项目和一些没有正式比赛或比赛还不规范的体育项目，如手垒球、角篮球等。第二，由于运动项目是以赢得胜利为目的的，正式比赛的项目在规则上、技能细节上、小项目设置上要求较高，因此往往不符合教育的实际条件，如田径中的链球、铁饼、3000 米障碍、400 米跑的项目设置不适合作为青少年的体育教学内容，需要做大幅度的改造，而改造后的内容与原来的运动项目有较大的差异，失去了原来运动项目的特点。第三，对"竞技运动教材化"有一定的影响，如蹲距式起跑是田径运动跑项目的基础技术，而作为体育教学内容，发展学生跑的能力是目的，而蹲距式起跑快慢则是次要的。但是，如果改为各种形式、各种方向的起跑，就必然与人们印象中的"田径"有很大的差距，就会使受教育者感到疑惑。

（二）以体育教学内容的内在功能进行分类

现在比较常见的有"以健身功能进行分类""以身体基本活动能力进行分类""以娱乐性进行分类"三种分类方法。

1. 以健身功能进行分类

由于不同运动的形式、运动量特点都有很大不同，因此用运动对人体的促进作用（健身性）进行分类也是可行的。这种分类方法的优点是它在发展学生身体素质方面目标明确，有利于学生完成体育锻炼任务和帮助学生认识各运动项目与身体发展之间的关系。这种分类方法的缺点是有些项目不是单纯以一种身体发展的形式表现出来的，而是具有综合性。另外，这种分类方法容易忽略对体育教学内容文化特性的认识。

2. 以身体基本活动能力进行分类

这也是在实践中常见的一种分类方式，它是以人的走、跑、跳、投、攀、爬、钻等动作技能来划分体育教学内容的。这种分类方法的优点是有利于发展学生的各种动作和活动能力，不受成型运动项目的限制；有利于组合教材，特别适合对低年级的教学内容进行分类。目前，英国、美国在小学低年级实施的"动作教育"主要以这种分类进行。这种分类方法的缺点是不利于对某一运动项目技能的培养，不易满足高年级学生对竞技体育的追求，使其缺乏运动的动机。

3. 以娱乐性进行分类

由于体育运动的大部分项目是从娱乐项目中发展而来的，因此可依据娱乐性对其进行比较妥当的分类。这种分类方法的优点是有利于把握运动中的乐趣特点，有利于根据这些特点编制体育教材，使学生愉快地学习并有效地把握娱乐的方法，使学生领会运动的乐趣。

四、高校体育教学内容选择的依据

（一）体育课程目标

体育课程内容是实现体育课程目标的手段，而不是目的。体育课程目标的多元性以及体育运动项目和身体练习的可替代性，增加了体育课程内容选择与组织的多样性。因此，体育教师在选择体育课程内容时应依据一定的标准。体育课程目标是体育教师选择、组织体育课程内容的主要依据，这是因为体育课程目标作为编制各个阶段体育课程内容的先导和方向，作为对学习者的理想期望，是专家、学者、教师等经过周密的思考，认真研究了社会、学科、学生等不同方面的特点与需求的结晶。因此，体育教学内容的选择必须根据体育课程目标，即有什么样的体育课程目标，便有什么样的体育教学内容。

（二）学生的需要及身心发展规律

体育教学的目的是要促进学生的身心健康发展，因此，体育教师在选择体育教学内容时，要充分考虑学生的体育需要和兴趣。学习是一个主动的过程，这个过程需要学习者自身积极的努力。一般来说，当学习者遇到感兴趣的内容时，就会主动学习，从而获得良好的学习效果。正如著名教育家杜威（JohnDewey）所说："当学习是被迫的而不是从学习者真正的兴趣出发时，这种学习相对来讲是无效的。"许多研究表明，大多数学生喜欢课外体育活动，却不喜欢上体育课，其中一个很重要的原因就是对教学内容不感兴趣。学生的身心发展规律与特点决定了其对教学内容的接受程度，体育教学内容必须是学生经过努力可能接受的。因此，体育教师需要根据学生的身心发展特点确定教学内容的深度、广度和难度。

（三）社会发展的需要

学生个体的发展总是与社会的发展交织在一起。体育教学是为学生的未来健康打基础的，因此，体育教师在选择体育教学内容时，就必须考虑现实社会与未来社会的需要。体育教学内容的选择不可忽视未来公民适应社会发展所必需的体育素质，因此，体育教学内容要满足学生在身体、心理和社会适应能力等方面发展的需要。另外，体育教学内容只有与社会生活、学生生活紧密联系，才能充分发挥它的功能。

五、高校体育教学内容选择的原则

（一）教育性原则

我们在面对体育素材的时候，首先应从教育的基本观点去审视它，看它是否符合教育性原则，与国家、社会的价值观念是否冲突；看它是否对学生的身心发展有利。体育课程内容的选择应该紧扣体育课程的主要目标，把"健康第一"的指导思想作为确定体育课程内容的基本出发点，同时重视教学内容的体育文化含量，以提高学生的体育文化修养。高校体育应以培养学生在品德、智力、体质等方面的全面发展为目标，坚持理论和实际相结合的原则，既要讲述人体科学知识，又要取得锻炼身体的实际效果。高校体育教学内容的选择要充分考虑学生的个体差异与不同需求，确保每一位学生都能受益。

（二）科学性原则

体育教师在选择体育教学内容时，要注意教学内容的健身性和兴趣性，但这并不意味着未来的体育课程就不关注教学内容的科学性。这里讲的科学性有三层含义：一是教学内容要有利于学生身心的协调发展。有些内容有利于学生身体健康，但不一定有利于学生心理健康，反之亦然。二是教学内容要有利于学生了解科学锻炼的原理和方法，从而提高学生锻炼的自觉性和积极性。三是教学内容本身的科学性。体育教师在选择体育教学内容时，要注意防止一些不科学的活动内容进入体育课堂。

（三）实效性原则

体育课程是一门以身体活动为主要手段、以增进学生健康为主要目的的课程。可以这样认为，一切对学生健康有利的内容都可以被纳入选择的范围之内，这样可以使体育教学内容更加丰富多彩。所谓实效性，简单地讲就是某一活动是否实用、是否简便易行、是否有利于学生身心健康。因此，体育教师在选择体育教学内容时，一定要注意既要选择与学生自身的体育学习兴趣和经验相接近的，又要选择大众喜欢的、社会上比较流行的，有很好的健身娱乐效果的运动项目，为终身体育奠定基础。

（四）趣味性原则

体育教师在选择体育教学内容时，一定要根据学生的年龄和性别特点，在科学性和可行性的基础上选择那些学生感兴趣的、娱乐性比较强、社会上广泛流行的体育素材。毋庸置疑，许多竞技运动项目具有健身价值和教育价值，但是，由于我们长期以来只是关注竞技运动项目教学的系统性和完整性，把培养运动员的教学方法带进体育课堂，结果使许多学生对体育课的教学内容失去兴趣。因此，体育教师在选择体育教学内容时要坚持趣味性原则，以激发学生的学习兴趣。

（五）民族性与世界性相结合的原则

体育课程内容的选择既要汲取我国民族传统体育素材中的精华，又要借鉴和吸收国外体育课程内容设置的经验和合理内核；既要打破故步自封的局限性，又要防止崇洋媚外的做法。体育课程内容的选择还应做到与时俱进，体现时代性、民族性和中国特色。

六、高校体育教学内容的开发与利用

（一）开发丰富的体育教学内容

高校体育教学内容要随着社会的发展而不断丰富。高校开展体育教学，要从学生的身心健康和体育爱好等多个方面综合考虑，在开发体育教学内容时，要尽可能突出教学内容的丰富性，提高学生参与体育教学的积极性。高校在开发体育教学内容时，可以将社会上流行的体育项目，如攀岩、搏击、射击、武术、跆拳道、瑜伽等引进体育课堂中。有条件的学校还可以开展冰球、马术、皮划艇等项目的教学，以满足学生的竞技需求、娱乐需求、健身需求。

（二）对体育教材、课程内容、教学内容之间的关系进行深入研究

目前，我们对体育教材、课程内容、教学内容关系的了解停留在表面，要想对此有清晰且深入的认识，还需要经过很长的时间才能实现。我们通常所说的运动素材是教学内容的上位概念，教学内容具体细化演变成教材是从逻辑关系的视角进行分析的。然而，当体育课程教学中出现教材后，教材又可以演变为什么，是体育学科中常说的"教学内容"，还是"教材内容"，或者是其他的概念，这个问题在体育教学内容研究中并未受到关注，还需要对其进行深入的研究。

（三）有机结合传统体育教学内容和创新性体育教学内容

竞技运动项目是传统体育教学的主要内容，在竞技运动教学中，各项目的技术是教学的重点。尽管传统体育教学内容比较单一，但是我们不能以否定的态度排斥所有的传统体育教学内容。学校要以本校的现实状况为依据，有机结合传统体育教学内容、校本教材、地方特色项目以及特色教材内容，尽量选取具有传承性、趣味性和本土特色的教材，使优秀的地方文化能够不断传承下去。

（四）合理选择体育教学内容

1. 与目标一致

高校在体育教学内容的选择上有很大空间，但这也给体育教师把握教学重点增加了难度。体育教学目标是一定的，高校在一定的教学目标的引领下选择教学内容相对来说比较容易。高校要在严格考虑体育教学目标的基础上选择体育教学内容，所选的内容必须体现体育教学目标的要求，对传统体育教学中不符合教学目标的内容必须进行适当的改革，从而使学生在有限的体育课堂上牢固掌握运动技能，实现体育教学的目的。

2. 与实际情况相符

学校的教学设施、教师的教学能力、学生的身体素质与基础能力等都是学校选择体育教学内容时应当考虑的因素。有些学校选择的教学内容虽然比较新颖，但与学生的实际情况不符，只是为了突出个性与特色，这样的教学内容无法使学生真正掌握体育知识和技能，也会使学生对体育课的作用与价值产生怀疑。为了解决这一问题，高校应积极开设体育选修课，有机结合传统体育与新兴体育项目。

（五）构建体育教学内容新体系

体育教学内容是在体育课程设置的基础上解决学生学什么、教师教什么问题的关键。在健康教育理念下，构建体育教学内容新体系应注意以下几点：首先，处理好竞技项目与竞技体育、传统项目与传统体育的关系。从理论上说，竞技体育是以极限负荷为主要特点的运动，竞技项目是竞技体育活动的形式，它可以是大负荷的活动形式，也可以是小负荷的活动形式；传统体育与传统项目一样，可以作为极限运动，也可以作为休闲活动。因此，竞技项目、传统项目及其他体育活动项目都可以成为体育教学的内容，

具体要以体育教学目标为依据进行精选与优选。其次，要体现以人为本的教育理念，改革以往统一、机械的内容组合。改革的要求是教学内容弹性化、健康化，只有将健康教育与技能教育结合起来，才能真正实现体育与健康教育的结合。最后，在开发和利用体育教学内容时，应从学生适应社会发展的需要出发，分层次、有重点地选择健身价值与社会价值都很高的内容。此外，高校还要根据不同学生的特点选择教学内容，争取使各年级的教学内容相互配合、衔接连贯。

第三章 高校体育教学方法

第一节　高校体育教学方法的特征、意义及影响因素

一、高校体育教学方法的概念

高校体育教学方法是指在高校体育教学过程中，为了达到高校体育教学目标和实现高校体育教学目的而采取的可操作的教学方式、途径和手段的总称。

二、高校体育教学方法的特点

高校体育教学方法与其他学科的教学方法既有共同的特点，又有其自身独特的特点。高校体育教学方法的特点主要表现为以下几个方面。

（一）可操作性

体育教学方法的作用方式、具体步骤、施用对象的具体要求等，都应是可以操作的，因此，可操作性是体育教学方法的基本特点。评价体育教学方法好坏的一个重要方面是看它是否具有较好的可操作性。可操作性不仅有利于体育教学方法作用的有效发挥，也

有利于优秀体育教学方法的推广。

（二）实效性

体育教学的目标和任务确定之后，需要借助一定的教学手段、运用一定的教学方法予以实现。也就是说，体育教学方法的选择和运用不是随意的，在教学过程中，体育教师所运用的教学方法，不仅要有利于体育教学目标、任务的实现，而且要有利于教学效率的提高，能够充分调动学生的积极性，保证体育教学的质量。例如，体育教师为了让学生了解人体运动时参与的肌肉群，可以运用多媒体技术把人体运动时参与的肌肉群演示出来。如果体育教师想增加体育课的练习密度，可以运用循环练习法。这就是体育教学方法的实效性特点。如果体育教师机械地运用一种教学方法，学生的学习效果也较差，那么就该考虑是否需要运用其他的教学方法或创造新的教学方法。运用新的教学方法或创造新的教学方法时，体育教师也要考虑其实效性。

（三）针对性

体育教师应针对不同的教学任务、不同的教学对象、不同的教学过程选择不同的教学方法。新的教学方法的产生往往也是为了解决体育教学实践中存在的问题。因此，不同的教学方法有自己独特的功能和适用范围，实现着不同的教学目标。例如，针对体育知识和体育技术的教授有不同的教法；新授课、复习课、综合课也有不同的教法。所谓"因材施教"，是针对不同基础和兴趣的学生要采用不同的教学方法。总之，针对不同的教学对象和教学过程，体育教师要灵活运用不同的教学方法。

（四）时空性

体育教学方法存在于不同的教学过程当中，甚至在同一教学过程的不同阶段也有不同的教学方法。在体育教学的不同阶段，师生之间的地位发生着规律性变化，教学方法也随之起着不同的作用。在体育教学的开始阶段，教师的主导地位与作用较明显，随着时间的推移，学生的主体地位与作用逐渐突显。因此，体育教师要做到以下几方面：

首先，运用一定的教学方法激发学生的内在动力，激起他们的学习兴趣。

其次，组织学生参与各种活动，使其感知、理解与掌握教学内容。

最后，对学生的学习结果进行评价。

反过来，对照教学目标的完成程度，体育教师要制订新的教学计划，开始新的教学过程，如此循环往复。这样的教学过程，体现了体育教学方法的时空性。

（五）时代性

教学方法有其产生、发展的历史，体育教学方法亦是如此。不同的历史时期有不同的体育教学方法，这些体育教学方法受不同历史时期哲学思想、教育理念的影响。

近年来，随着科学技术的发展，多媒体技术开始进入体育教学领域，突出体现了体育教学方法的时代性特征。体育教学方法随着社会的变化和体育教学的发展而不断发展，体现了社会的发展与时代的要求。同时，体育教学目标、教学任务与教学内容也在影响着体育教学方法的发展。在体育教学实践中，体育教师必须根据时代精神和体育学科的发展需要，勇于开拓，推陈出新，使体育教学方法适应体育教学的实际需求。

二、体育教学方法的意义与作用

（一）促进体育教学任务有效完成

任务如过河，方法就是桥或船，不解决桥和船的问题，任务也就无法完成。因此，为了有效地完成体育教学多方面任务，必须采用一定的教学方法。在教学过程中，体育教学方法与教学内容、教学组织形式等诸因素是相互影响、相互依存的。教学方法起到一定的中介作用，把教师与学生沟通起来，使学生与教材、学生与学生融为一体，从而保证了体育教学教养、教育、发展任务的完成。教学方法不仅起到中介作用，而且对激发学生锻炼的热情、提高学生练习的兴趣也具有重要作用。当然，教学方法只有符合教学规律，适应学生的特点，方能起到积极的激励作用。

（二）有助于检查和评估教学质量与效果

掌握一定的教学方法是一个教师必备的职业能力。如果一位体育教师仅仅具有高深的专业知识、熟练的技术水平，而不掌握或不善于运用现代科学的教学方法，那么他是不能胜任体育教学工作的。实践证明，教师的教学方法不仅会影响教学质量，还会影响教师的威信。由此可见，在体育教学中，教师运用教学方法的状况通常可以作为体育课质量评估的重要内容。

三、制约体育教学方法的因素

体育教学方法不是一成不变的，随着社会、科技、教学理论和体育教学实践的变革，体育教学方法也在不断地变化和发展着。直接影响和制约体育教学方法的因素主要有以下几点：

（一）科学的世界观和方法论

在体育教学理论与方法领域，科学的世界观和方法论集中在"教师观"和"学生观"方面。传统的教学观强调"以教师为中心、以教材为中心、以课堂为中心"；传统的学生观认为学生是消极的、被动的客体，教学方法是填鸭式、注入式的。而现代教学观、学生观则认为应以教师为主导，以学生为主体，批判灌输式的教学方法，倡导启发式教学方法，重视培养学生自学、自练、自控的能力。上述这些变化反映了科学的世界观和方法论的影响。

（二）教学目的、教学任务

教学方法是完成体育教学目的与任务的一种有序的工作方式，而教学方法的实效性也必然要根据这种教学方法对完成教学任务的作用进行评估。因此，教学方法的选择必然要受到教学目的和教学任务的制约。

（三）教学内容要素与结构

体育教学内容是多种多样的，但其基本要素是身体练习。为了让学生掌握这些动作技术，必然要选择适应的教学方法，只有适应体育教材的教学方法才能被称为科学的教学方法。

（四）体育教学原则

教学原则是教学工作必须遵循的基本要求。整个教学过程都要以教学原则为指导，而教学方法也应如此。例如，各种教学方法的运用首先要贯彻自觉积极性原则，教学工作是师生双边活动，如果只发挥了教师的主导性，而没有调动学生主体的能动性，再好的教学方法也不会取得效益。

（五）物质条件

体育教学方法离不开具体的场地与器材，离开了某些最基本的物质条件，教学方法就不复存在了。体育教师除了运用现有的物质器材外，还应发扬勤俭建校的精神，自制一些器材或代用品，为体育教学方法的运用提供更多的物质条件。通过上述分析可以发现，教学方法是教学目的与任务、教学内容、教学对象等决定的。但是必须指出，教学方法对教学目的与任务的影响同样不可低估。

第二节　高校体育教学方法的分类

一、视觉信息类体育教学方法

这一类体育教学方法是指体育教师或者学生主要通过视觉来获得有关教学信息的方法。视觉信息的信源是多种多样的，有人体本身的（如做动作），有实物的（如教学挂图、教具、标志物、灯光、电影或录像等）。视觉信息具有生动、形象、具体等特征，是人们认识事物的重要方式。要想提高视觉信息类体育教学方法的效果，一方面信源发出的信息要正确、鲜明；另一方面信库（信息接收、储存体）应提高接收信息的能力。下面根据信源的不同，分别叙述有关的体育教学方法。

（一）以人体本身为信源的视觉信息类体育教学方法

1. 以体育教师为信源的视觉信息类体育教学方法

这类教学方法利用的视觉信息包括动作示范、手势、步伐、眼神、表情等多种，每种教学方法都有自己特殊的作用，都是不可忽视的。对于运动技能教学来说，教师的动作示范具有重要的意义。在运动技能形成的第一阶段，教师的动作示范应当是正确的、优美的、轻松的、完整的、常速的，这是使学生形成正确的运动表象及动作概念的前提，也是激发学生学习的动机的重要方式。为了提高信息接收量和效率，教师必须使学生做好接收信息的准备，知道看什么、怎样看、为什么看。此外，教师要选择适当的示范位置和示范面，保证每个学生看得见、看得清。在运动技能形成的第二阶段（改进和提高动作阶段），体育教师要根据学生的情况和教学任务采用相应的动作示范方式。例如：为了重点教授动作的某一个环节，可以做该环节的动作示范；为了使学生仔细观察某个动作，可以做慢速示范；为了提高学生判断分析能力，可以做正误对比示范等。当然，这一阶段也可以做完整的、常速的示范。动作示范也应使每个学生看得清楚。

2. 以学生为信源的视觉信息类体育教学方法

对于某些身体练习动作，学生是分解地做还是完整地做，要视学生对动作掌握的程度和动作的复杂程度而定。一般来说，动作结构简单时采用完整法，动作结构复杂时采用分解法。在动作技能形成的第一阶段，学生只要不出现主要的、明显的动作错误，能完成动作的基本技术结构，初步地掌握动作技能即可。在运动技能形成的第二阶段，学生就应当比较熟练、准确、协调地完成完整动作。在动作技能形成的第三阶段，学生要在变化条件的情况下，仍能熟练、准确地做出动作。动作技能形成的不同阶段对学生动作的完成度有不同要求。这既是学生学习结果的反映，又是一种教学反馈信息。为了提高学生学习的效果，提高反馈信息的质量，必须激发学生身体练习的动机，提高学生神经系统的兴奋性和内脏器官的机能水平，以保证学生注意力集中，发挥最大的能力。学生学习运动技能时，一般应以完成正确的动作方法为主，但在特殊情况下，也可以谨慎地、少量地采用尝试错误动作的方法。

（二）以实物为信源的视觉信息类体育教学方法

在体育教学中，以实物为信源的教学方法是很多的，例如：运用教学挂图，演示教具模型，设置不同的标志物，安置不同颜色的灯泡，画上不同形状的鲜明的线条，放映幻灯片、电影和录像等。其中，挂图、模型、幻灯、电影和录像等主要给学生提供运动技术结构和形象的相关信息，可以使学生进行较长时间的仔细观察，有助于提高运动表象的清晰度和概念形成的准确程度。而标志物、灯泡、线条等主要给学生指示动作的方向、幅度和目标，这一类信息在体育教学中只起辅助的作用。在实践过程中，应当将以人体为信源和以实物为信源的两类体育教学方法有机地结合起来，正确处理人与物的关系。

二、听觉信息类体育教学方法

听觉信息类体育教学方法是指主要通过听觉获得有关的体育教学信息的方法。听觉信息的信源也可分为人体（教师或学生）和物体（哨子、鼓、节拍器、录音机等）两类。下面分别叙述有关听觉信息类的体育教学方法。

（一）以人体为信源的听觉信息类体育教学方法

由人体发出的听觉信息可分为外部信息（如语言讲解、口令、评价、击掌等）和内部信息（默诵、自我暗示等）两类。体育教师主要运用机体外部的听觉信息进行教学活动，而对于学生来说，运用内部、外部听觉信息进行学习活动几乎是同等重要的。

1．讲解

这是教师用语言向学生说明教材的名称、学习目的、动作要领、保护与帮助的方式，也是对学生进行思想品德教育的方式。教师讲解的语言必须科学、简练、生动形象并具有启发性，教师在讲解时要"晓之以理，动之以情"。良好的表达能力是运用语言法的基本要求。具体讲解的方法有直陈法、分段法、概要法、侧重法、对比法、提问法、联系法、比喻法、引证法、鼓动法、复述法等。

2．口令

喊口令即使用简明的语言，以命令的方式传递信息。喊口令是体育教师的基本功，要求声音洪亮、口令准确。

3．评价

可由教师用口头语言对学生进行评价，也可由学生用口头语言互相进行评价。口头语言评价有即时评价、同时评价和延时评价，从信息传出与接收的有效性方面来看，应尽量采用前两种评价方式。

4．击掌

教师可以通过击掌的方法进行体育教学活动，如教师运用击掌使学生掌握跳舞的节拍等。

5．默诵与自我暗示

默诵是师生双方运用机体内部语言进行体育教学活动的方式。例如，教师在上课前在头脑中要想好如何对学生讲解上课内容，学生在做动作之前先想想如何做，然后再去练习（思维—运动），学生也可以在练习后想一想自己做得怎样（运动—思维）。自我暗示是学生用意识命令自己应如何做。学生也可以利用自我暗示做心理放松练习。

（二）以实物为信源的听觉信息类体育教学方法

1．录音机的使用

可以播放做操的口令，指挥学生做操；也可以播放相应的音乐曲子，指挥学生练习健美操、韵律操、舞蹈等。

2．口笛的使用

笛声是集合、集体练习时一种常用的听觉信息。个别的体育教师还利用笛声指挥学生的学习活动，笛声不同，代表意图也不同，学生听到后会做出相应的动作。

3．节拍器的使用

使用节拍器可以使动作按照一定的节拍进行，这对于学生形成准确的动作节奏、掌握动作速度感是有意义的。另外，击鼓声、发令枪声、电铃声等都是影响师生教学活动的听觉信息，这些听觉信息的使用都是以实物为信源的听觉信息类体育教学方法。

三、动觉、触觉、本体感觉信息类体育教学方法

这一类体育教学方法主要是通过动觉、触觉和本体感觉获得体育教学相关信息的方法。动觉、触觉和本体感觉信息可能来自学生，也可能来自他人（教师或同学）。这类方法可以使学生获得做动作时的用力方向、幅度和顺序的感受，并体会姿势的正确、维持身体的平衡等。

（一）信息来自学生的教学方法

1. 动觉信息类

这是学生通过动觉中枢接收信息的一种学习方式。例如，提高动作的速度感（跑步速度、投掷器械的出手速度等）是学生动觉中枢发挥作用的学习方式。

2. 触觉信息类

这是学生通过触觉进行学习的一种方式。例如，踢足球时，利用脚接触球时产生的触觉改进和提高各种不同踢球动作技术。

3. 本体感觉信息类

这是学生凭借肌肉本体感觉接收信息的一种学习方式。例如在做倒立动作时，如果本体感觉要失去平衡时就会立即调节自己的姿势，移动重心以维持平衡。

（二）信息来自他人的教学方法

1. 动觉信息类

这是学生动觉中枢接收体外信息的一种学习方式。例如在学习单杠挂膝摆动上动作时，在他人（教师或同学）的帮助下做摆动动作，被帮助者的动觉中枢就会感知摆动动作是如何做的。这样经过几次练习以后，没有他人帮助，该学生也可以独立地完成这个动作。

2. 触觉信息类

这是学生用触觉感知体外信息的一种学习方式。例如做两臂侧平举时，教师扶持学生正确做出动作后，让学生体会两臂侧平举的姿势和位置；或者教师扶持学生做出肩肘倒立挺髋的正确动作，使其通过触觉感知正确的动作。

3. 本体感觉信息类

这是学生的本体感觉感知体外信息的一种学习方式。例如，当学生做倒立动作将要失去平衡时，教师帮助他改变身体姿势，恢复平衡。这样经过多次重复，学生就能掌握这个倒立动作。此外，有的教师采用"双簧教学法"，一人示范，一人讲解，使学生的视觉和听觉同时参与教学活动，教学效果更为明显。上面从体育教学中信息的传递与接收的角度对体育教学方法作了简要分析。从这个简要分析中可以看出，体育教学方法不

单是方法问题，还包含着来自各方面的信息，既有认知信息，又有反馈信息，体育教学方法本身就是体育内容的一个重要组成部分。因此，必须把学习和掌握体育教学方法当作学习和掌握体育知识、技能一样来对待。各种体育教学方法既有其自身的独特作用，又可以与其他教学方法相互配合，发挥多方面的作用。

第三节　高校体育教学方法的选择与运用

体育教学实践中产生了大量的体育教学方法，随着教学改革的不断深入，又会有新的体育教学方法产生。因而，在体育教学中，体育教师能否正确选择教学方法就成为影响体育教学质量的关键问题之一。实践证明，只有按照一定的科学依据，综合考虑教学的有关因素，选取适当的教学方法，才可能使教学效果达到最优化的境地；反之，如果毫无根据地使用体育教学方法或错误选用教学方法，都会给体育教学活动造成不利的影响。从这个意义上说，教学的成败在很大程度上取决于教师是否能妥善地选择教学方法。教学指示的明确性、具体性、根据性、有效性、可信性有赖于对教学方法的有效使用。所以，每个教师都必须学会科学地、恰当地选择教学方法。

一、高校体育教学方法选择的依据

（一）具体的体育教学目标、任务

当前，我国体育教学目标是通过体育教学向学生进行体育卫生、保健知识教育，增强学生体质，促进学生身心发展，培养德、智、体全面发展的社会主义建设者。这是我国各级各类学校的共性目标。体育教学目标又分学期的、单元的、课时的目标。不同的教学目标和任务要选择不同的教学方法。例如，如果教学目标强调对学生个性的培养，可以选用发现法、启发式教学法或学导式教学方法等；如果教学目标是在新授课上帮助学生建立初步的动作定型，可以运用讲解、动作示范等体育教学方法；如果教学目标只是强调对体育卫生、保健知识的传授，只需要选用讲解法；等等。因此，教师在选择教学方法时首先要明确要达成的教学目标和任务，根据不同的教学目标和任务选择不同的教学方法。

（二）体育教材内容的性质和特点

体育教材是实现学校对学生的培养的载体，体育教学方法要有效地实现体育教材内容的传递，同时，不同的体育教材内容需要选择不同的体育教学方法。有人把体育教材内容分为田径、球类、体操、民族传统体育等方面的教材。本书把体育教学方法分为一般的教学方法和具体的教学方法，根据不同教学领域，把体育教学方法分为基础知识的教学方法、技能类的教学方法、体能类的教学方法以及娱乐类的教学方法。针对不同的教材内容，教学方法也是不同的，甚至不同的动作教学过程中也有不同的教学方法，所以教师应该根据教材内容特点，选择所需要的教学方法。

（三）学生的实际情况

体育教学方法要体现实效性特点，归根结底是要看学生学习、掌握体育知识与技术的情况。因此，教学方法要适应学生的基础条件和个性特征，在选择体育教学方法时，要根据学生现有的体育知识水平、智力发展水平、年龄特征、心理特点等方面来综合考虑。要从学生的实际出发，尊重学生的差别，更好地调动学生学习的积极性，提高教学效果。体育教师在"备教材""备课堂""备学生"时，一定要对学生的实际情况心中有数，正确选择和运用体育教学方法。

（四）体育教师自身的素质

教学方法都需要经过体育教师的理解和掌握，才能发挥有效作用。有的教学方法虽好，但如果教师掌握不了，驾驭不了，仍然不能在体育教学实践中产生良好的效果。因此，体育教师的自身素质应成为选择体育教学方法的重要依据。例如，发现法不错，却不适合不善于设置问题的教师；循环练习法能发展学生的基本活动能力，加大体育课的练习密度，但有些教师对各练习情况驾驭不了，这种练习方法相对来说效果就显得差了。因此，教师在选择教学方法时，应当根据自己的实际情况，扬长避短，选择与自己最相适应的教学方法。同时，体育教学改革要加强师资队伍建设，不断提高体育教师的自身素质和水平。教师要选择适合自己的教学方法，并根据实际情况改造现有的教学方法，形成自己的教学风格。

（五）教学条件

体育教学方法的运用需要借助一定的媒介。体育教学方法的选择要考虑学校体育的教学条件，如学校的教学器材、场地设施等。这些教学条件为教学方法的运用提供了必要的物质条件，是体育教学方法发挥作用的物质基础。因此，体育教师应合理开发利用这些教学资源，特别是要充分利用现代化教学手段，进一步开拓教学方法的功能和范围，以提高体育教学方法的效果。

二、合理选择教学方法应考虑的因素

从上述体育教学方法的种类可以看出，体育教学方法众多，既有常见的方法，又有教师在教学实践中探索和发掘出来的不常见的方法。那么在实际教学时，如何从众多的教学方法中选择比较适宜而有效的方法呢？现代教学论表明，在选择教学方法时，教师考虑的因素越多，选择出的方法使用价值越大，教学产生的效果也就越明显。根据体育教学的特点，合理地选择教学方法需要考虑以下方面。

（一）教学方法应符合相应的教学理论

一定的教学方法总是有相应的教学理论和教学模式作为其成立的内在依据，而一定的教学理论及其相应的教学模式也必然要通过相应的教学方法加以体现，体育教学方法也不例外。因此，选择教学方法时要注意考查其成立的特殊内涵，所选方法要符合相应的教学理论。

（二）教学方法应有利于体育教学目标的达成

从一定的意义上讲，教学方法是师生有效达成教学目标的中介或桥梁，而选择和运用教学方法的终极目的就是更好地实现教学目标。因此，选择教学方法时，必须考虑教学方法对达成教学目标的贡献度，即分析教学方法对达成教学目标到底能起多大的作用。教学目标不同，所选用的教学方法也必然不同。

（三）教学方法应适合体育教材的特点

不同的体育教材具有不同的特点及价值，而教材的特点及价值必然影响具体教学目标的制定和相应教学方法的选用。因此，选择教学方法时必须充分考虑体育教材的性质和价值，根据教材的特点将教学方法具体化，把教材的价值真正发掘出来。

（四）教学方法应符合学生的身心特点

体育教学的一切活动都是为了学生的良好发展。但在教学过程中会面临着这些问题：教学目标是否适宜？教材的价值能否为学生所认识并利用？所选择的教学方法是否有针对性？因此，教学方法的选择必须从学生身心发展的特点出发，充分考虑学生的可接受性，否则难以收到教学效果。

（五）教学方法应与体育教学条件相吻合

体育教学条件（这里主要指教学的场地、器材、教具、班级规模等）是制约体育教学方法运用的有效性的不可忽视的问题，如有关练习方法的变换、直观方式的选择、学习活动的组织等无不受制于相应的教学条件。因此，选择、确定教学方法必须充分考虑实际的体育教学条件。

（六）教学方法应与体育教师的教学艺术和水平相适应

不同的体育教师会在知识结构、教学意识、教学经验、教学风格等方面存在一定的差异，而且各有其运用自如的相应教学方法。因此，体育教师在选择教学方法时还需认真考虑自身的教学基础，衡量自己对各种教学方法的驾驭能力，对一些自己以前不够熟悉的教学方法，必须经过深思熟虑，在运用过程中要进行切合自己教学实际的再加工，切忌盲目模仿，否则难以收到良好的教学效果。体育教师在选择体育教学方法时，除考虑上述要素外，还必须考虑教学方法选择运用的"整体优化性"。所谓"整体优化性"，第一是要注意多种教学方法的比较，从众多的教学方法中选择出与有关教学内在规律最吻合、最有利于教学目标达成、最能将教材的多种价值体现出来、最具可操作性的教学方法。这就要求体育教师要认真分析各种教学方法的特性及其适用条件，从多种角度审视教学方法的效用，不能把教学的目光仅仅停留在运动技术的传习上，而是应透过运动技术的教学及对学生身体的影响，挖掘潜在的教育教学价值，如充分发挥学生的主体性，培养学生积极的心理体验、创新思维和能力等。第二是要注意多种教学方法的合理配置。许多教学理论著述在阐释有关教学方法时，为便于分析起见，往往将体育教学方法单独提取出来进行分析说明，这与实际的体育教学有一定的区别。因为在实际的教学中，教学方法的运用并不是孤立的，而是多种教学方法交织、组合在一起运用，如运用分层教学法时，还必须把语言法、直观法、预防／改正错误动作法等多种练习方法渗透其中，单独运用的分层教学法是根本不存在的；又如运用信息教学法的同时，结合教师的语言启发和适当的动作示范，教学效果将会更佳。因此，教学方法的选择和使用应注意从多种教学方法整合的角度认真考虑，在选择和使用有关教学方法时，还应该同时考虑学习方法的运用；在着重某种教学方法之时，应辅以其他教学方法。只有这样，才有可能产生整体的教学效益。

三、运用体育教学方法的基本要求

（一）运用语言传递信息的基本要求

1. 科学地组织教学内容

学生的知识来自教材知识结构。教师利用语言使学生掌握知识，并发展他们的运动能力，这个过程中最为重要的是要对教学内容进行一番必要的加工，使教学内容具有逻辑意义，把处于静止状态的知识信息变为输出状态的信息。因此，体育教师要在课前认真钻研教材，重新组织教学内容，做到系统性强、概念明确、条理清楚、重点突出、难易适度等。

2. 教师的语言要清晰、简练、准确、生动，并富有感染力

这要求教师有很好的语言素养和较高的语言表达能力。语言表达能力的提高有先天的因素，也有后天训练的因素。体育教学要求教师"精讲多练"，要求体育教师用清晰、简练、准确、生动的语言来表达教学内容。体育教师还要注意语言表达时的举止与神态，善于利用无声的语言。

3. 多用设问和解疑

无论是体育教学中的讲解还是指导，都需要有一些精心设计的问题，最好是用"问题串"组织和引导学生解决疑难，使学生的思维活动保持积极状态。体育教师要根据教学的需要和教材内容的特点，精心设计富有启发性和思考价值的问题，但要注意：①问题要符合学生的知识与能力水平，难易要适度；②问题要明确、具体；③要善于鼓励和引导学生充分发表自己的见解；④要敏感地抓住学生认识不足的地方或错误之处并及时加以纠正。

4. 结合黑板、挂图等进行讲授和讨论

这种方法可以提高体育教学的效果，提高讲解和讨论的质量，应该予以重视，加强对教学挂图和板书内容的开发。

（二）体育教学对动作示范方法的基本要求

1. 动作示范要有明确的目的

示范要针对体育教学的实际需要进行，应区别以下三种动作示范。

（1）认知示范

这是使学生知道学什么的示范，这种动作示范的重点是给学生建立动作的整体形象，形成大致的概念。这种示范要正确、朴实，要引导学生注意整体，不要拘泥细节。

（2）学法示范

这是告诉学生怎样学的示范，这种示范的重点是使学生了解动作完成的顺序、要领、关键、难点等。进行这种示范时要引导学生注意关键的动作环节的重点部分。

（3）错误示范

这是展示学生错误动作的示范，这种示范的重点是使学生了解自己动作错误的外部特征。进行这种示范时既要突出错误的特征，又不能夸张。对这种动作示范的要求与第二种动作示范大致相同，示范时应突出要纠正的错误。

2. 动作示范要正确、美观

正确是指示范要严格按动作技术的规格要求完成，以保证学生建立正确的动作表象；美观是指动作示范要生动，以保证动作示范可以引起学生学、练的兴趣，消除不必要的畏难情绪。

（三）运用以直接感知为主的方法的基本要求

1. 事先做好准备工作

教师在体育教学中运用演示法时，要根据体育教学任务的需要，做好必要的准备。体育教学中的道具在市场没有出售时需要体育教师自己或请他人制作，制作完成后还要设计演示的时机和演示的程序，并要注意与其他教学程序的结合。

2. 引导学生进行有效的观察

体育教师演示前要提出问题，引导学生有目的、有重点地观察和思考；要把学生的感知与理解紧密地结合起来；还要借助实践活动教给学生观察的顺序与方法，提高学生在运动学习中的观察能力。

3. 做好总结

认识演示结束后，体育教师还要进一步组织和引导学生通过问答、练习和讨论等多种方式，把观察得到的感性认识上升为理性认识，把偶然观察到的结果与必然的规律联系起来，使演示真正起到获得感性知识、验证和理解知识的作用。

（四）运用以身体为主的体育教学方法的基本要求

体育教师要科学对待身体练习中的运动负荷因素。身体练习是体育学习的必须途径，也是达到多种教学目的的必要媒介。身体练习中的运动负荷是最重要的因素之一，所以体育教师在教学过程中必须对其予以重视和科学对待。既要保证技能学习和素质提高的运动负荷，又不能一切围着负荷转，更不能进行所谓"与预测心率的吻合度评价"，使体育课成为"心率课"和"锻炼课"；要符合运动技能形成规律，符合教材的特性；要与动脑、动口、动手的实际操作能力的培养相结合。做身体练习时，学生的自主性较强，教师要注意在练习中培养学生自我监督、自我检查、自我评定和自我反馈的习惯和能力。

四、运用体育教学方法的方式

（一）体育基础知识类教材教学方法的运用

所谓体育基础知识类教材，是指体育与健康课程教学所涉及的知识类教学内容。由于体育与健康课程所涉及的知识内容丰富，应根据不同年级学生的实际水平与需要，有目的、有计划地确定教学内容。体育基础知识类教材特点决定了教学中一般采用语言法和直观法，具体应用的方式如下：

1. 讲授

教师要根据教材特点和学生接受能力充分备课，系统组织课的内容；在讲授时，要做到层次分明，重点突出，深入浅出；要注意启发思考；语言要生动准确，通俗易懂，控制好语速和节奏，可结合直观教具或板书。

2. 讨论

可针对学生熟悉的内容，或关心的体育赛事活动、热点体育话题，联系学生已有知识、体会和看法，展开讨论乃至辩论。这种方法适用于高年级学生，但不宜过多。在讨论过程中，教师要引导学生围绕主题进行讨论。

3. 答疑

课前，教师可通过一定方式，集中学生有关体育知识的疑问或困惑，进行解答，也可现场让学生提问题，教师解答。为避免冷场，教师应注意有启发、有诱导地答疑解难。

4. 知识竞赛

教师事先向学生发布关于知识竞赛的范围、组织措施，让学生明确竞赛规则、奖励办法等。教师要充分准备，围绕学生已学过的体育基础知识，适当扩大和延伸有关内容，要做到问题明确、难易适中、评分公平合理。此法每学年运用不宜过多。

5. 演示

利用电视、录像、电影、幻灯等演示手段，指导学生把握好观察的重点和时机，把讲述和演示有机地结合起来。

（二）运动技能类教材教学方法的运用

1. 不同类型运动技能的教学方法运用

运动技能就其结构特点可分为闭式和开式。一般来说开式技能比闭式技能的动作复杂。闭式技能的特点是：基本上不因外界环境的变化而改变自己的动作；在动作结构上多属周期性重复动作；完成动作的反馈信息只来自本体感受器。田径、游泳等项目多属于闭式技能。开式技能的特点是：完成动作时，往往随外界环境的改变而改变自己的动作；在动作结构上表现出多样性或非周期性特征；完成动作的反馈信息由多种分析器参与工作，并综合反馈信息，其中往往以视觉分析器起主导作用。通常球类等对抗性项目属于开式运动技能。

（1）闭式技能类

动作教学方法的运用除初学时的语言法、示范法、预防与纠正错误法等一般方法的常规使用外，由于闭式技能的单个动作比较简单，多次重复的动作结构和反馈信息以本体感受器为主，所以在该类动作的教学指导时主要运用完整法和重复法。首先，多以完整法来解决单个动作的正确性和完整性；随后以重复法为主，提高动作的结构性和连贯性。随着动作掌握程度的提高，以自我练习为主要方式，精讲多练，以较长的连续重复练习时间和较大的练习密度让学生主动体验动作，强化技能，提高节奏性。由于闭式技能的动作多以简单和周期性的重复为主要形式，学习时多以自身本体感受性为主，学生容易产生枯燥和疲劳感，所以在教学时要注意激发学生的学习动机，活跃课堂气氛，提高学生的学习积极性。

（2）开式技能类

动作教学方法的运用由于动作的相对独立性、动作结构的复杂性和影响因素的复杂多变性，在进行该类动作的教学指导时，适用的方法比较宽泛，因人因时而多样多变，通常以直观法、语言法、完整法来建立正确动作的表象。对于较复杂的单个动作，可根据动作结构特点适当采用分解法来重点学习技术难点和纠正错误，但分解练习的时间不宜太长，一旦解决了特殊问题就要及时转用完整法来巩固和提高动作技能。由于开式技能多表现为多样性和非周期性，所以要及时注意学生的表现，以预防为主，及时纠正错误；要综合反馈信息；以个别指导为主要形式，多用变换法，充分利用速度、力量、节奏、幅度、姿态等技术要素的变化来不断提高动作质量，提高学生的学习积极性；同时还要利用外环境的调整和变化和比赛、对抗的形式提高学生的适应性和应用能力。

2. 运动技能形成各阶段的教学方法运用

运动技能的形成过程一般要经过三个阶段：粗略掌握动作阶段、改进和提高动作阶段、巩固与运用自如阶段。

（1）粗略掌握动作阶段教学方法的运用

粗略掌握动作阶段主要运用语言法与直观法，使学生明确动作学习的意义与任务，建立正确、完整的动作表象与一般概念，通过完整法和尝试性的练习，初步建立动作的基本结构。在学生具有完整动作概念的基础上，注意"分解""助力""阻力"等方法的运用。为了使学生更好地掌握动作，在粗略掌握动作阶段往往通过简化动作要求、利用辅助器械等，帮助学生形成正确的动作结构。本阶段学生分析运动感觉的能力有限，所以这一阶段的评价主要来自教师的语言和学生本身的视觉监督。教师在对学生进行评价时，一要抓住动作的基本结构和动作的关键；二要给学生指明视觉监督的具体方法与位置；三要进行正误动作对照评价，掌握评价的分寸。在形成运动技能的最初阶段，学生出现一些动作技术的偏差是难免的，教师在教学中要善于发现学生出现的严重错误，即对完成动作有严重影响的错误，并能找出产生这些错误的原因，采取有效措施及时加以纠正。

（2）改进与提高动作阶段教学方法的运用

为了促使学生尽早建立完整动作的动力定型，通常以完整练习法为主，以加深学生对完整动作的体验。如果采用分解法，主要是起辅助性作用，纠正某一错误动作，或加强某一动作环节或要素。运用讲解、示范等方法主要是为了更好地揭示动作的规律性，分析动作技术的掌握过程，阐明产生错误的原因，使动作概念进一步具体化，使学生透彻了解动作的顺序。教师还要注意运用"定向""领先"等视听感觉与正确动作进行比较。为了促进学生动觉的形成，可以适当限制视觉的运用。为了提高学生动作技能适应性，应适当采用变换练习的方法，改变练习的条件、练习的环境、动作的组合，并注意运用竞赛法等。这一阶段要注意提高学生对动作技能进行自我评价的能力。随着动作技能的逐渐形成，学生对自我完成动作的感觉逐渐清晰，为此，在该阶段教师既要继续给予学生以具体的评价，也要要求学生进行自评和相互评价。

（3）巩固与运用自如阶段教学方法的运用

在巩固与运用自如阶段，可以在复杂多变的情况下，运用重复练习法与变换练习法，并注意在完整练习中进一步巩固与改进技术细节。讲解、示范主要是起提示作用，促进学生自我认识动作完成情况，提高学生分析问题与解决问题的能力。本阶段，教师要对学生掌握动作的稳定性、可变性、自动化程度、动作效果进行全面的评价。

（三）发展体能类教材教学方法的运用

体能是指各器官、系统的生理功能及其在体育活动中所表现出的能力，以及身体素质发展水平。发展体能主要是通过生理负荷的变化来对学生产生影响的，同时与学生的心理因素有很大的关系，如果没有较好的心理准备状态，是难以顺利完成这类教材的练习的。例如，在进行耐力练习时，具有较强的意志品质的学生就容易战胜疲劳，取得效果。下面主要以力量素质类、速度素质类、耐力素质类教材为例来说明教学方法的应用。

1. 发展力量素质类教材教学方法的运用

（1）发展力量素质的方式和方法

①负重抗阻练习：可以运用一些带有重景的器械如杠铃、哑铃、沙袋等器械。②对抗性练习：如双人顶、推、拉等练习，依靠对抗双方以短暂的静力作用发展力量素质。对抗性练习不需要任何训练器械及设备，而且可引起练习者的兴趣。③利用力量训练器械练习：可以使身体处在各种不同的姿势（坐、卧、立）进行练习，可直接发展所需要的肌肉力量。④克服外部环境阻力的练习：如沙地和草地跑、跳练习等。⑤克服自身体重的练习：如引体向上、倒立推起、纵跳、攀登等。

（2）发展力量素质方式和方法应注意的事项

普通学生应以发展一般力量为主，部分身体条件较好的学生可发展力量耐力及力量型爆发力。练习时要避免过度刺激某一部位的肌肉，使力量素质协调发展；要把动力性力量与静力性力量、大肌肉群与小肌肉群的力量、快速力量和慢速力量等练习相结合，交替进行，以保证力量素质的全面发展；要以发展动力性小肌肉群的力量为主，逐步发展大肌肉群的力量，进行静力性力量练习；采用较大的力量练习时，不宜单一地进行静力性练习，应提倡综合力量练习，同时应使力量练习与其他性质的练习交替进行，从而提高肌肉的弹性。

2. 发展速度素质类教材教学方法的运用

（1）发展速度素质的方式和方法

①教师采用不同的信号，让学生即刻做出各种反应。例如，在走或跑的过程中，按口令组成"二人组""三人组"；学生随口令迅速做起跑练习或组织一些躲闪的活动性游戏等。②发展动作速度一般常用游戏和比赛法，如：限时进行投篮比赛；两人一组进行足球快速传球比赛（定时计数）；举办快速跳绳比赛等。③发展位移速度可以广泛运用各种快速跑、冲刺跑、下坡跑的练习，也可以组织一些接力跑的游戏或追逐游戏等。

（2）发展速度素质方式和方法应注意的事项

①应在学生体力充沛、精神饱满的时候进行练习，要避免在精神恍惚、身体疲劳的情况下练习。②应采取多样化的方法（如游戏法、比赛法）进行练习，提高学生的兴趣和情绪，力求在自然、主动的条件下发展学生的速度素质。

3. 发展耐力类教材教学方法的运用

（1）发展耐力素质的方式和方法

发展耐力素质的手段和方法很多，如各种形式的长跑、长距离竞走、游泳、滑冰、跳绳，或长时间重复做某一周期性运动，如排球运动中多次作滚动练习，或反复做克服自身体重的练习，坚持较长时间的抗小阻力的练习，等等。

（2）发展耐力素质方式和方法应注意的事项

教师要掌握好练习的时间，控制好练习的强度和密度。耐力素质练习应首先从加量开始，逐步加大强度。例如，用跳绳练习来发展学生耐力，开始时连续跳绳 15 ~ 20 秒，休息 5 秒，之后练习时间逐步延长到 1 ~ 3 分钟，休息的时间和重复练习的次数可依据学生的实际情况灵活安排。教师要采取多种教学方法，活跃课堂气氛，调动学生的积极性。教师可以广泛运用游戏法、比赛法、音乐伴奏等教学方法，也可用学生喜闻乐见的形式，如个人跳绳和集体跳绳计数比赛，或用踢毽子、跳皮筋等作为辅助手段。有条件的学校可组织学生就地就近进行爬山，或在野外、沙滩、树林、公园练习长跑。教师要加强意志品质的培养和教育。结合耐力练习，向学生进行不怕困难、吃苦耐劳、勇敢顽强、拼搏进取等优秀心理品质的教育。

（四）运用体育教学方法的注意事项

1. 要树立整体优化的观点

每一种教学方法都有各自的功能、特点及应用范围和具体条件，同时，体育教学内容不同，教学对象、条件不同，所选择的教学方法也不同。为了有效地完成教学任务，教师必须坚持系统的观点，把教学方法看作一个有机的系统，用优化观点统筹多样化的教学方法，注意各种教学方法之间的有机配合，充分发挥体育教学方法体系的整体功能。例如，教师在运用各种教学方法时，不仅要让学生观察，还要让学生看、听、想、练。看、听是前提，想、练是深入，它们之间相互联系，相互促进。发挥视觉、听觉、动觉、思维的整体效果是提高教学质量的关键。实践证明，单一使用某种教学方法难以满足体育教学的要求。

2. 要坚持启发性

坚持启发式教学是运用体育教学方法的指导思想，这要求教师从学生实际出发，采取各种有效的形式，激发学生的学习兴趣和求知欲望，最大限度地调动学生学习的积极性和自觉性；创设情景，启发学生积极地开展思维活动；引导学生通过身体活动和体验，掌握体育基础知识、技术。坚持启发性教学可培养学生思考问题、分析问题、解决问题的能力，能有效地培养学生的体育学习能力。

3. 要有针对性

教学方法如果缺乏针对性，就难以取得好的效果。教师要在全面了解和掌握体育教学方法的基础上，根据体育教学的不同情况，从中选择最有针对性、最能发挥其独特性能的方法。例如，同样是教授运动技能，在运动技能形成的不同阶段如何运用语言法、直观法、练习法，应该是有所不同的。又如，同样性质的篮球教材，是采用完整法、分解法，还是采用游戏法、竞赛法，也应视具体情况而定。再如，教授垫上前后滚翻动作时，有的学生出现错误，就要针对他的错误的原因采用恰当的纠正错误动作的方法。

4. 要有灵活性

尽管教师在备课时根据体育教学目标、教材内容的性质及特点、学生实际设计了体育教学方法，但在实际教学中，往往有各种变化，要根据实际情况灵活地、创造性地加以变化。

第四章 高校体育教学"模块式"教学模式

第一节 高校体育教学中"模块式"教学模式构建的理论概述

学生是祖国发展的未来，学生的身心健康水平关系到国家未来的发展。为了提高高校体育教学质量，将"模块化"教学引入高校体育教学中，根据学生的身心特点和体育教学资源，将教学内容合理地划分为多个模块，学生在多个模块中学习体育运动的方法和技巧，最终使学生可以通过体育运动形成良好的体育健身习惯，提升身心健康。本文采用文献资料方法，阐述了高校公共体育课程实行模块化教学模式的优势，并分析了高校公共体育课程实行模块化教学可行性，以期为今后高校公共体育课程实行模块化教学模式提供参考和借鉴。

一、"模块式"教学的内涵

"模块式"教学是一种以能力为基础、以培养职业岗位人才为目标的教学模式，它以学生为主，以模块为教学单位，运用灵活多变的教学手段和方法，着重培养学生的综合职业岗位能力。"模块式"教学主要是将理论知识和实践能力塑造成与其专业相对应的教学模块，在教学中充分体现系统性和完整性，强化针对性。"模块式"教学的内涵主要表现在以下几方面：首先，分析社会现实需求和人才市场需求；其次，根据职业岗位能力确定所学专业需要具备的实际操作能力；再次，修订教学大纲，构建教学模块；最后，根据教学模块需要，运用相应的教学手段、教学组织形式、教学管理方式、教学方法对模块教学进行教学评估和考核。

二、"模块式"体育教学的概念

"模式"在《现代汉语词典》（第7版）里的解释是"某种事物的标准形式或使人可以照着做的标准样式"。当今社会，对教学模式的定义有很多，教育家们各抒己见，分别提出了不同的定义。早期比较系统地提出"教学模式"的定义的是1972年出版的《教学模式》一书，书中提出"教学模式是构成课程、选择教材、指导在教室和其他环境中教学活动的一种计划或范型"。"模块式"教学模式就像一个工业生产基地，每一个工业生产基地需要完成多种生产任务，并对这些任务进行组装与融合，每个任务的完成都有其各自的标准和要求，以满足各种市场的需求。相应地，在各学科教学中，"模块式"教学模式就可以将这些"生产任务"，即课程内容分解成不同的知识点，然后根据知识点间存在的逻辑关系和知识结构，对知识点进行排列与整合，以此构建一个独立的教学单元结构。需要注意的是，要根据技术领域和职业岗位的需求来构建独立的教学单元结构。我国学者刘霞、肖桃芳在其《高师院校体育专业教学中运用"模块式"教学初探》一文中提出，"模块式"是根据专业特点，将相对独立的课程按照内容的不同，划分到各个"模块"中，并对设定的"模块"都制定具体的教学目标、教学手段。设定的"模块"之间的联系是相对松散的，学生每学习完一个教学"模块"，就能学习到一个知识点，掌握一项技能。"模块式"教学模式突破了以系、科、专业为主的培养模式，强调知识的整合，注重促进人的全面发展，给学生提供合理的知识结构。张海霞、李俊武也在其《模块式教学在高校教育中应用的探讨与实践》一文中提出，将体育学科相关联的知识与能力要求按一定规律划分，组成相对独立的理论知识和实践能力要求的集合，称为教学模块，简称模块。设置、选择和应用教学模块组织教学实现培养目标，称为模块式教学。赵岩等人在其《高校学前教育专业体育课中的模块教学》一文中也提出，"模块式"体育教学主要根据职业岗位需求构建教学模块，同时构建相适应的教学管理、教学目标、教学手段，修订教学大纲，最终完成教学模块的教学，学生顺利完成教学任务。笔者根据实际情况，结合高校改革趋势，同时参考国内外相关研究结果进行总结归纳，认为"模块式"体育教学是指在教学中，将各专业学科知识与社会现实需求相结合，提炼出专业需要的人体心理素质要求、体能素质要求和实际操作技能需求，通过这些需求构建相应的教学模块，并对每一个教学模块的教学目标、教学手段、教学管理、评价与考核等进行构建，最终完成教学任务。同时，每一个教学模块并不是固定不动的，而是相对松散的，可根据实际需求进行调整，最终实现学生自主能力、体能素质、技能操作水平的提高。

三、"模块式"体育教学的分类

通过查阅相关资料发现，目前各研究领域就"模块式"体育教学的分类并没有明确的阐述。根据高校课程模块化教学体系的构建及特征，结合笔者的教学实践，以及高校各专业的教学目标、教学大纲以及学生走出校园后主要从事的职业特点和高校学生毕业后从事的职业岗位特点、未来不同职业（群）的需要，同时参考葛朝启、杨忠在《高校体育"职业实用性模块教学"构建研究》一文中提出的高校体育职业应用性"模块式"教学，笔者认为，从岗位职能的角度，可尝试将高校体育教学运动项目分为交往型、站立型和运动型三种类型。同时，卢晓文在《基于岗位需求的高校体育模块教学研究》一文中提出，职业体能课程的设置应结合本专业的培养目标，有针对性地提高学生职业岗位所需的身体关键部位的素质和素养，制定课程实施纲要（教学大纲）。

四、高校公共体育课程实行模块式教学模式优势

（一）满足现代体育教学需要

为了满员社会对高校人才的需要，在全民健身和健康中国建设的背景下，模块式教学模式其自身优势能够调动学生的学习积极性，改变了落后传统的教学模式，更加侧重让学生掌握体育运动的方法和技能，这种模块化教学是建立在体育理论和学生的认知态度基础上，使激发学生参与体育运动锻炼的积极性。另外，学生的选择余地较大，从单一的选择变成了多种选择，有利于促进不同学生的个性发展，更加符合《体育与健康》的目标要求，从而有利于学生身心健康的提升。

（二）建立情境式教学场景，营造积极向上的学习氛围

体育教师是教学活动的组织者和安排者，其对模块化教学内容的设置和安排，决定了整堂体育教学的质量。高校公共体育课程的模块化教学模式因教学内容而发生改变，体育教师根据教学内容和学生的身心特点，巧妙安排教学内容，有助于发挥学生的特长，吸引学生学习的兴趣。学生在体育教师的引导下，互相帮助，一起学习，共同进步，从而营造了良好的学习氛围，增强了学生的人际交往能力，使学生在这种健康的学习环境中成长。

（三）塑造学生良好的品格

模块化教学的终极目标是培养学生的全面能力，其以现场为主要教学地点，树立学生学习的主体地位，在学生掌握一定的体育理论后，传授学生练习体育运动的方法和技巧，将学生实实在在看作有血有肉的人，培养学生实际动手的能力。在这个过程中，学生遇到困难，可以随时向体育教师请教，体育教师给予解决。但当学生遇到心理问题时，体育教师通常会引导学生如何做，并不参与其中，这样学生会突破心理的障碍，从而克服困难。在艰难地克服心理情绪时，无形中会塑造学生良好的品格，培养学生顽强拼搏的精神。

（四）提升体育教师的综合能力

体育教师是模块化教学模式的执行者，因此，体育教师必须从学生身心特点、教学内容、场地器材及客观环境等因素出发，合理安排模块化教学模式，这也从侧面检验了体育教师的综合能力。倘若体育教师对模块化教学模式安排的科学、合理，那么，学生就会认真地听讲，提高学生学习的兴趣，整个体育课堂就会取得良好的效果。反之，模块化教学模式安排的不合理，就会挫伤学生学习体育的兴趣，影响体育教学效率和质量。所以，在设置模块化教学模式中，体育教师的综合素质起到重要的作用。对于综合素质较差的体育教师，经过模块化教学模式的锻炼，能够进一步了解模块化教学的优势，并提升自身的综合能力，这对于体育教师来讲是一件有利的事情。

五、高校公共体育课程实行模块式教学模式的可行性分析

（一）充分利用体育教学资源

高校公共体育课程效率和质量的提升涉及到多个方面：体育教师的综合素质、体育场地器材设施的健全、教学方法的合理运用、教学手段的多样化和教学模式的应用等。通常来说，大多数高校公共体育课程效率和质量不高，其主要是与自身体育教学资源短缺及实际面临的条件相关，不同的学校有着不同的原因。比如：一些高校体育教师资源不足、一些高校体育教学资源不完善、一些高校体育公共课程安排不合理、一些高校学生自主参与体育锻炼意识不足等。模块式教学模式的实施，可以改善现阶段高校体育教学效率和质量不高的问题，充分利用体育教学资源，在对模块化教学安排和设置过程中，将高校的各个优点和缺点考虑进去，从而设置出一套以提高学生身心健康为内容的教学模式，学生有更多的自主选择权利，激发学生自主参与锻炼的意识。

（二）提升教师和学生的积极性

在体育教学活动中，教师处于主导地位，起主导作用，学生是学习的主体，两者的关系不能混淆。目前，在高校公共体育教学中，一些体育教师忽略了与学生的互动，将学生处于被动的地位，师生之间没有联系，体育教师占据绝对的领导地位，这样学生在课上来不及思考和消化教学内容，只能被动地跟着体育教师的思路走，缺少想象力和创造力，久而久之，对体育课程产生了厌倦的心理。模块式教学模式的实施，改变了上述师生不积极互动的结果，在模块化教学期间，体育教师需要将教学内容分解成多个模块，在一定的时间内，将模块内的内容传授给学生，学生只需要对模块内的知识内容进行掌握和了解即可，在完成一个模块教学后，体育教师需要对学生进行提问，了解学生对教学内容的掌握程度。根据学生的学习情况，及时调整模块教学内容或教学方法，以使学生完全掌握模块化的教学内容。

（三）培养学生主动参与体育锻炼的能力

一些大学生对体育课的认知仍然停留在体育教师授课，学生听课，学生按照体育教师的要求进行练习，掌握体育运动的技能和要领，就达到了体育教学目的，这样就会使

学生在参与体育课程时,产生极其负面的情绪,主动参与体育锻炼的情绪并不高。高校体育教学目标是培养学生养成参与体育锻炼的习惯,最终提高学生的身心健康。然而,在各高校公共课程实际教学过程中,教学目标并没有完全体现出来,学生依然对体育课程并不感兴趣。模块化教学模式恰好弥补了教学目标没有实现的缺陷,横纵向的模块是围绕教学目标而设置,充分体现了学生的学习主体地位,致力于提高学生自主锻炼能力,丰富体育教学内容。

(四)提升学生身心健康

为了顺应时代的发展,在全身健身和健康中国建设的大背景下,随着高校体育教学改革的不断深化,提升学生的身心健康成为最重要的目标。近几年,随着社会的不断进步,经济的快速发展,多种类型的社交软件层出不穷,品种多样的电子竞技游戏涌出,学生大部分时间沉溺在电子游戏中,极少将时间花费在体育运动中,这就造成了学生的身体素质每况愈下,学生的身心健康成为了高校公共体育课急需解决的问题。模块化教学模式的实施,更加侧重培养学生的全面能力,在以体育教学内容为基础的模块下,发挥模块化的优势,传授学生体育运动锻炼的方法和技巧,培养学生养成主动参与体育锻炼的习惯,最终提升学生身心健康。

第二节 高校体育教学中"模块式"教学模式的构建策略

一、"模块式"体育教学模式的理论依据

"模块式"体育教学模式并不是对传统教育模式的背离与反驳,也不是完全脱离传统的教育教学模式,而是打破传统,并对其进行创新与探索,找寻更适合社会人才需求、劳动力市场需求的一种教学模式。现阶段,"模块式"教学模式越来越受到各学科领域、技术行业的青睐。但是,这种模式在我国现有的教育体制下还是比较新鲜的,因此要理性地对待、合理地发展。传统体育教学和"模块式"体育教学的目的、教学方法、教学内容等是基本相同的。"模块式"体育教学的目的是提高学生的综合职业素质,将各专业学科的教学目标、教学内容、教学方法与人才市场需要的职业岗位能力相融合,有针对性地进行教育教学,实现传统体育教学观念的转变和形成更好的行动方案,实现学生综合职业能力素质的提高。传统体育教学是通过学生不断的反复练习行为完成运动项目技能和对体育意志品质的培养,以提高学生身心健康和社会适应能力。在实现学生社会适应能力这个目标上,"模块式"体育教学模式与传统体育教学模式是一致的;"模块

式"体育教学模式中所需要的综合职业素质也是体育教学所追求的；"模块式"体育教学模式的实质也是通过身体运动来达到教学目标。但有别于传统体育教学的是，"模块式"体育教学模式是根据专业学科和教学对象的不同来组织教学的，"模块式"体育教学模式更具系统性和针对性，传统体育教学模式更具广泛性。"模块式"体育教学模式将体育教学与社会需求相结合，进一步提高学生的职业岗位体能素质，这是时代的需要，更是人才市场的要求，可以说，这种模式体现和延伸了体育的社会功能。"模块式"体育教学模式主要以学生为主体，采用多样化、个性化的教学方法，以技能、操作为教学内容，以系统性、针对性为教学特色，以交流、分享、回顾、总结为教学过程，使学习者以按需学习、积极向上的状态达到提高实际操作能力的效果，这一教学模式必然能够满足市场的需求。这也是传统体育教学不可比拟和无法代替的。

二、高校体育"模块式"教学模式构建的原则

高校体育教学应更多地为学生将来的职业岗位发展考虑。当前社会生产和企业创新活动不断丰富，使具有较高的身体协调能力、运动能力等体育素养成为高校学生岗位工作必须具备的能力和素质，这为高校体育以学生专业需求为依据实施教学提出了要求，也为高校体育教育的发展创造了有利条件。然而，近年来高校数量和学生人数不断增多导致高校体育教学在创新教学方面略显不足，教学内容单一化严重，不利于高校体育教学目标的实现，也无法满足学生日益强烈的社会岗位竞争需求。"模块式"体育教学模式需要根据其教学特点、教学目标、教学内容等多项具体的内容进行创建。首先，高校要组织教师与企业单位委派的管理技术人员共同进行人才市场调研，将高校专业目标与企业发展紧密结合，建立职业岗位（群）。根据该框架以及学科内容、岗位需求、学生爱好等与企业密切合作开发、设置专业（群），编排每一"模块"课程的设置和需要准备的教学资料。其次，根据专业培养目标，结合学习的过程提出思考的问题和需要解决的问题，建立职业能力课程标准，即确定专业模块。其中最为关键的是每一"模块"中所设置的技术要求、训练项目应与理论和职业能力需求等紧密联系，根据学生特点及学校实际条件来选择开设课程及编写参考指导用书。最后，应结合每一模块的教学目标、教学内容创设"模块式"教学的考核和评价体系。高校体育"模块式"教学模式构建的基本原则主要表现在以下几个方面：

（一）根据职业需求创建模块

高校教育的特点是以就业为导向，"模块式"体育教学模式需要围绕这一特点来创建模块。"模块式"体育教学模式和传统体育教学模式有本质的不同：传统体育教学模式强调的是各学科间、课程间本身存在的系统完整性，它们都对应着不同的教学目标和要求；而"模块式"体育教学模式是在创建过程中既要满足高校体育教学大纲的要求，又要符合职业岗位的特点，设置的每一个教学模块都要与职业岗位能力需求相对应，每一模块都要有相应的教学目标和要求，"模块式"体育教学模式要求学生学完一个模块就掌握一定的基本知识和一项基本技能，以适应社会的需要、岗位的需求。

（二）根据模块间的关联创建模块

"模块式"教学模式与传统教学模式在教学方法和教学手段上是大相径庭的。在进行模块划分时，模块之间必然存在着关联，但又是相对独立的。对于同一行业岗位的不同工作任务，不同模块的教学目标和教学任务应有所不同，但也应有一定的联系。

（三）根据模块划分的层次性创建模块

每个模块的创建都是根据职业岗位的特点、学生的兴趣爱好等来实现的，这也为学生提供了更多的选择灵活性和层次性。学生经过较低层次模块的学习实现其学习目标后，可以从事一定的职业岗位工作。同时，学生也可经过一段时间的职业岗位能力培养，根据岗位的实际需求，再继续进行较高层次的模块的学习，以进一步提高技能水平。

三、高校体育课程"模块式"教学模式的创建、设置及特征

（一）高校体育课程"模块式"教学模式的创建

《教育部关于全面提高高等职业教育教学质量的若干意见》中明确指出：针对区域经济发展的要求，灵活调整和设置专业，是高等职业教育的一个重要特色。现今，我国各省市高校都在积极探讨体育教育的发展规律，深入研究高校体育的教学内容、教学方法和教学手段，力求构建新的人才培养模式，建立科学合理的实践教学模式。"模块式"教学模式正是在这种改革浪潮中，为迎合社会需求而产生的。

1. 创建的基本观点

笔者根据多年在高校的教学实践经验，结合所在高校的实际特点，吸取其他专业"模块式"教学模式的经验，通过对对照班和实验班的实验研究，逐步创建以能力为本位、以应用为宗旨、以就业为导向、以企业职业应具备的综合能力为中心的教学模式，力求加强对学生实践能力和技术操作能力的培养。"模块式"教学模式创建的基本观点主要表现在以下几个方面：

（1）从传递知识到培养能力的转变

现行的高校体育教学模式基本还是以理论知识为主，很少体现对职业岗位能力的培养。而"模块式"体育教学模式主要是以职业能力为目标来贯穿整个教学过程。在从传递知识到培养能力的转变过程中，首先要打破传统教学的课程框架、教学观念，大力度地进行课程结构的调整，将职业岗位能力需求融入"模块式"教学课程中，建立"职业岗位能力"课程体系。其次要将课程体系分解成一个个的教学单位，再分析每一个教学单位所需要的知识与技能，最终确定每一个教学模块的内容，实现教学目标。最后需强调典型或专业模块的具体化，即将分析得出的工作任务通过"模块式"教学形成具体的教学形式和教学手段，强调学生先认清该模块的学习任务、理论知识、操作知识等，然后再在此基础上动手去完成，激发学生的学习兴趣和学习动机。

（2）从被动传授者到主动参与者的转变

传统的体育教学模式在社会岗位能力需求、自身主观能力培养意识的重要性和紧迫

性上，并没有得到教师的高度重视。在传统的体育教学模式中，几乎所有的教师只是将官方课程文本、专家权威研究等素材传授给学生，缺乏应有的课程开发积极性和主动研发性，这导致学生在课程教学中对课程的理解、课程的教学存在不足。"模块式"体育教学模式弥补了传统体育教学模式中的不足，使教师能主动参与专业课程教学大纲的修订、教学计划的制定、培养目标的完善中来，同时还能激励教师主动学习，主动进行科学研究、教材编写，将教材内容和实践内容进行转化。这可以促使教师由教学目标的"代表者"转变为教学内容的"代言人"。

（3）从教育工厂到学习共同体的转变

传统的高校是一个教育学生的工厂，而"模块式"教学模式则把学校转变为一个学习的共同体，使学生更多地参与学科教育，更深层次地理解和整合所学知识。这就需要教师不单单进行观念上的转变，更重要的是在体育教学中，乃至思想政治管理、制度建设、教学常规、考核评估等方面进行有效的调整与运作。体育学习共同体有几个显著的特征：一是每一教学模块中的成员都能认定模块设定的目标，个人目标与模块目标具有较高的一致性；二是"模块式"教学模式突出的是学生的自觉行为，要求学生基于自身的成长和专业的需求而进行学习，不具有任何意义上的强迫性；三是保持"模块式"教学中成员之间的合作关系，即在每一模块的专业知识和技能训练上相互依赖、相互信任、相互支持。"模块式"体育教学模式强调各学科专业知识间的整合，注重学习对象综合素质的培养与发展，打破传统的固定的组织教学形式，给教师提供合理的、科学的知识结构与教学环境。目前，高校学生普遍存在文化素质不高、自信心不强、主动学习能力不够等现象，再加上"模块式"体育教学模式又要求体育专业知识与其他专业知识相互交叉、相互融合，这就使"模块式"体育教学模式在教学上、组织上的实施难上加难。因此，采用"模块式"教学模式应该注意学科知识的前后衔接，教学内容可以打破传统的以教材为主的模式，可以完全根据学生应该具备的能力、社会市场的需求、专业的需求等将教学内容设置在不同的模块中，坚持"必需与够用"的原则，这样不但可以降低学习的难度，也更容易被学生和社会所接受。

2. 创建的基本方法

（1）明确目标定位，构建教学体系

现如今，教育体制改革不断深化，高校体育教育也面临着特殊的形势。为更好地满足岗位需求，高校要积极突破传统体育教学的局限性，使教育模式与职业教育需求保持高度适宜，在教育部相关工作意见以及体育课程教学纲要的指导下，更新体育教育理念，明确高校体育教育目标定位，从岗位需求和人才培养目标出发，构建教学体系，确保培养的高校体育人才在社会主义现代化建设中具有较强的适应性，从而为体育事业的长足发展积累经验并奠定基础。高校体育模块教学的推进以岗位需求为着手点，体育教学体系的构建以能力、就业和服务为核心，通过模块化课程体系的形成探寻符合岗位需求的高校体育教学方式，在锻炼学生体育素质的同时促进高校体育教学目标的实现。在这一过程中，高校要明确模块教学目标定位，以岗位基本技能要求为出发点，开发课程教学模块；通过模块之间的紧密配合构建教学体系，落实体育教育培训。模块教学可以看作是一种组织化、教育性的教学方式，目的在于培养学生的职业能力，确保其符合岗位需求。例如，在高校体育教学过程中，高校在全面把握岗位需求的基础上，从模块教学原理出发，将高校体育教学内容划分为基础理论模块、动作技能模块、职业能力模块等，并设置对应的模块课程体系。在基础理论模块设置健康生活方式、运动卫生知识、职业疾病预防等课程内容，在动作技能模块设置篮球技能训练、乒乓球技能训练以及网球技能训练等课程内容，在职业能力模块设置职业素质养成、职业能力训练等课程内容。通过多项资源的优化整合，在强化学生理论知识的同时，锻炼其实践技能，确保其具备优良的职业素养，从而更好地参与社会主义建设事业。

（2）把握体育"模块式"教学特征，设计高校体育岗位体能课程

高校体育"模块式"教学的推进要根据教学培养的目标，侧重考虑学生将来就业岗位体能的要求和学生自身发展体能的要求，从学生就业岗位需求出发，明确高校体育教学目标以及运动项目训练的侧重点，通过模块教学来培养学生优良的体育锻炼习惯，通过体育教学环节的优化调整来培养学生的实践能力，促进体育项目的实施，进而有效强化学生的体能。在模块教学过程中，教学模块的构建一般选择两种以上的职业能力，这是高校体育"模块式"教学的显著特征。在全面把握岗位需求的基础上，"模块式"教学在高校体育教学中的应用需要明确体育教学的具体特征，并在此基础上对体育岗位体能课程加以科学设计，确保所设计的教学模块能够符合社会岗位需求，能够促进学生体育能力的形成，为高校学生体育素质的形成以及体育能力的强化奠定坚实的基础。在这一过程中，高校要高度重视体育运动健康，围绕高校体育教育目标，注重学生的主体地位，注重学生体育兴趣和学生的职业化与个性化发展，开展模块教学，设计体育岗位体能课程，增强课程的实用性，兼顾社会岗位需求、学校需求与学生需求，在职业教育环境下促进高校学生职业能力的不断强化。例如，在体育岗位体能课程设计方面，高校可从岗位需求以及体育运动特点出发，在模块教学的过程中将课程设计为锻炼项目、运动项目，从学生未来就业岗位需求和学生能力发展需求出发，采取差异化的教学方式，确保所设计的体能课程能够在学生接受的范围内，满足学生的差异化学习需求。模块式体育教学是针对同一专业岗位需求来设计实施的，在教学中，教师可以将几个同一专业的班级学生合在一起开展大班课堂教学，促进同一专业学生间交流的同时，也让同一专业学生对"特意"设计的体育锻炼项目进行"规模式"训练，以班、小组为单位相互促进、相互切磋，进而较好地提高教学效率。

（3）明确注意事项，保证高校体育模块教学实效

高校学生正处于人生发展的关键阶段，为更好地改善高校人才培养质量，确保学生能够形成正确的价值观念，并具备较强的意志品质，能够在把握职业特征的基础上，更好地参与体育学习活动，努力提升自我，高校对学生体能进行强化是非常重要的。因此，在全面把握社会发展岗位需求的基础上，高校在高校体育教学中科学应用模块教学，将理论与实践紧密结合起来，在现代信息技术的支持下，营造生动的体育模块教学空间，对学生形成一种吸引力，以发掘学生内在潜力，促使其积极参与体育活动。高校体育"模

块式"教学模式的应用要高度重视安全和健康，二者属于典型的体育意识，对体育模块教学的顺利推进具有重要意义。例如，在实际教学过程中，高校在明确岗位需求的基础上、健康安全体育的理念下设计模块教学，将高校学生的体育课程划分为多个模块，包括体育课程考勤模块、体育锻炼参与模块、课余体育锻炼模块、体育文化模块等，通过多元体育模块的设计来吸引学生的注意力，促使学生更为积极地参与体育理论知识学习与体育技能训练，在潜移默化中引导学生养成良好的体育习惯，并有效锻炼学生的体育能力，确保高校体育模块教学活动的顺利开展，令高校学生在走入社会以后能够更好地满足岗位需求，这对高校学生的职业化发展具有重要意义。

（二）"模块式"体育教学模式的设置

"模块式"体育教学模式的设置是将一个教学模块作为一个相对独立的教学单元，从模块这个整体出发，统筹安排制定教学方案。在这一过程中，教师可采用多种教学方法、教学手段来合理安排教学步骤等各个环节。每一位教师可以根据自己的教学特点和风格、学生的个体差异形成教学模块来进行教学。笔者从"模块式"体育教学模式的基本理论，高校体育课程模块化教学体系的构建和特征进行分析研究，通过对其他学科模块化教学的成功范例进行反复研究与讨论，并拜访专业教授和企业骨干，深入其他高校进行调研，借鉴高校体育教研室和基础课部各位教师丰富的教学经验，对现行的教学内容进行了整理。同时，笔者根据自身的教学实践，结合高校各专业的教学目标、教学大纲以及学生走出校园后主要从事的职业的特点，根据专业特点、职业需求、人体结构、教学实践和专业设置等，以适应职业岗位（群）之需为核心依据，将高校体育教学归纳为"职业岗位体能"模块。"模块式"教学模式是坚持以学生需求为中心、以职业岗位能力需求为根本的一种教学模式。在其实施过程中，教师需要充分挖掘和整合现有的教学资源，加强师资队伍建设，充分考虑教学设备、教学场地、学习环境等因素，突出学生综合素质的培养。

1. 教学资源建设

在"模块式"教学模式的实施过程中，教师可根据专业和职业岗位需求，采取自编讲义的形式进行教学。主要可以从以下三方面入手：第一，先打基础，后抓实践。教师可先讲授专业基本知识模块，让学生能基本了解专业学科的主要内容，打好基础；再讲动作技能模块，让学生将基础知识运用到实践操作中，使学生具有一定的灵活运用能力。第二，配备设施，强化任务。在教学设施方面，高校应该给相关学科专业配备专门的实验实训基地，提高学生的动手能力。同时，教师应该为每一模块设定一个教学任务，每学完一个模块就使学生掌握一项技能。第三，加强学习，完善制度。高校应该加强对教师进行组织学、心理学、教育学等理论知识的培训，并让教师深入企事业单位进行实践操作能力的培养。

2. 师资配备

专业化的师资是"模块式"体育教学模式能顺利实施的保证，它要求教师必须具备一定的理论知识和具体实践教学的能力,还必须具备一定的岗位职业能力和技能。但就目前情况而言,大多数高校的体育专业教师是科班出身的专业教师,具有扎实的专业知识但是实践经验不足。所以,要解决这个问题,最好的办法就是外派教师,尤其是年轻的教师到企事业单位去学习培训,以增加他们的实践经验。

3. 课程设计

在课前,先根据人才市场需求和专业特点,将专业学生需要的专业知识、技能、操作技术与教学目标及要求进行整合,以创建教学模块;在课中,先讲解专业知识模块,然后引导学生进行操作技能模块的学习。在课后,引导学生进行回顾与分享,同时主要通过对学生进行体能测试来进行体育成绩的考核。总之,在课程设计上,各模块内容的设置以职业岗位需要为目标,以实用、够用为原则;在教学中,坚持实践与理论有机融合,以专业学生体能需求为教学目标,形成以能力为本的教学模式。

4. 模块教学课程的实施

模块教学课程包括教学方法、教学过程、教学评价。在课堂教学中,教师承担着学生学习的指导者和组织者的角色。在每次教学之前,教师应先把每一子模块,即教学目标作为一个授课单元,提前告知学生授课提纲以及需要达到的目标;在正式教学中,教师应组织学生对授课内容进行讨论,或根据具体授课内容到实训基地进行实地操练。同时,教师还应注重培养学生的自信心和提高学生的注意力,挖掘学生的潜在能力,这样更加有利于学生掌握专业知识,提高学习兴趣。

5. "模块式"教学模式的评价

评价是人类对自己或他人在实践过程中的一种鉴定和反思,是人类特有的一种认识过程,其本质是促使人类活动更加趋于完善和符合事物发展规律。与传统的体育教学模式不同,"模块式"体育教学模式把每一子模块,即教学目标作为考核单元,包括知识的单项考核或知识与技能的双项考核。对教学效果进行考核与评价的方式包括学生的自我评价、师生互评等;考核内容包括自主学习能力、体能素质、技能水平等。这种多样化的考核方式远远不同于传统的单一的体育成绩考核,能够大大激发学生对体育学习的兴趣,更重要的是能够增强学生对所学专业知识的需求。对于考核比较落后的学生,教师应该对其进行正确的引导,并根据他们的自身特点和专业特点,重新修订教学计划,辅导他们顺利通过考核。

(三)高校体育课程"模块式"教学模式的特征

近年来,由于各学科领域对教学模式的普遍关注,体育课程"模块式"教学模式也逐渐引起教育工作者的重视。传统体育教学模式注重"三个中心",即以教师、课堂、教材为中心,而"模块式"体育教学模式则注重"三个突出",即突出学生在教学中的主体地位,突出学生在教学中的操作能力,突出分享、体验、技能的教学目标。这种新型的体育教学模式在提高教学效果,促进学生综合素质的全面发展,满足企事业单位、劳动力市场的需求等方面明显优越于传统教学模式,主要表现出以下几个特征:

1. 新颖性与独特性

理念和思想是教育的灵魂所在。"模块式"体育教学模式的新颖性就体现在其用了先进的教育思想和教育理念来做指导，在教学观念、教学目标、教学手段、教学方法等方面都有所体现。"模块式"教学模式并不是否定传统的教学模式，而是在一定的范围和条件下根据新的教学理念来实现其教学目标，是对传统教学模式的发展。"模块式"体育教学模式的教学内容与岗位需求紧密结合，以学生为主体，能够充分体现以服务为宗旨、以就业为导向的高校教育方针。

2. 可行性与推广性

一种新型的教学模式要想符合和体现现代的教育理念和教育思想，就必须有一套完整的操作系统和基本程序，还需通过实践来证明其存在的可行性。"模块式"体育教学模式以岗位体能需求为主线，将职业岗位能力贯穿整个体育教学环节，积极引导和鼓励学生在实际操作过程中以获取知识来完成工作任务。"模块式"体育教学模式更加强调知识的实践性，更加注重知识的体验和运用，更加注重学生在教学中的操作能力。

3. 稳定性与发展性

具有稳定性是教学模式形成和发展的重要标志。然而教学模式的稳定性是相对的，不是绝对的。"模块式"体育教学模式是教学理论不断更新和教学实践不断进步的产物，它突出分享、体验、技能的教学目标，体现全面发展的教学理念，强调职业技能在高校和人才市场的重要性。

4. 多元性与灵活性

"模块式"体育教学模式在教学内容、教学对象、知识类型等方面都具有自身的特性。与传统的体育教学模式相比，"模块式"体育教学模式的教学进程是相对固定的，但"模块式"体育教学模式是将每一个教学目标设定为一个子模块，以培养学生运动能力和职业能力为目的的实践教学模式，其教学手段、教学过程是灵活多变、丰富多彩的。

第三节　高校体育教学中"模块式"教学模式的应用

一、"模块式"教学模式在高校体育教学中的应用

（一）"模块式"教学模式在高校体育教学中应用的步骤

"模块式"教学模式是契合高校人才培养目标的一种非常重要的教学模式。在高校

体育教学中应用"模块式"教学模式可以尝试从以下几个步骤进行：

第一，对不同专业学生进行职业分类。体育教师的教学跟其他教师的教学有一个共性，那就是教师的眼中要有学生，要以学生的需求为出发点进行教学设计、教学内容的安排。在高校体育教学中，应用"模块式"教学模式，首先要对自己所教学生的专业情况掌握清楚，不同专业学生走入社会的具体岗位不一样，模块教学的方案也不一样。但是由于专业众多、岗位众多，针对每个职业岗位进行教学设计是不现实的，因此教师需要对不同专业学生进行职业分类，把相似类型职业的学生划分到一块，集中进行某一模块的教学。

第二，分析不同的工作岗位对职业素质的要求。"职业性"是高校教育的重要特性之一。高校体育"模块式"教学模式就是要体现高校办学特点，有针对性地发展学生今后工作岗位所需的身心素质、体育能力、锻炼方法等，以增强学生的职业综合素质。因此，"模块式"教学模式下，教师必须要对不同工作岗位的职业素质要求进行了解和掌握，为专业化的模块设计奠定学理基础。

第三，根据职业素质要求确定相应的教学内容。具体而言，对办公型工作岗位的学生重点进行健身走、跑，杠铃、哑铃练习，辅之前后压腿、提腿、转跨、蹲起等体育项目，以加强腰背肌肉的耐力；对站立型工作岗位的学生重点进行上下肢、躯干肌肉力量练习，以加强肩带肌、躯干肌和下肢力量；对运动型工作岗位的学生侧重进行轻杠铃练习和心肺练习，以加强肌肉运动的协调性和心肺功能。对流动交流型工作岗位的学生重点进行耐力跑、韵律操的练习，以加强下肢肌肉静力性耐力。

第四，修订教学大纲，根据教学内容构建教学模块。这主要体现在两个方面：一是根据工作岗位的自我控制能力和排除干扰能力需求设置教学模块；二是模块分割，在保持教学内容的相似性和独立性的基础上，将相似的动作技能组合在一个模块，而不是按照顺序一节一节地分开。

第五，根据教学模块需要选择教学方式方法与呈现方式，进行教学评估和考核等模块式管理。可以把这几个方面统称为"模块式"教学的具体实施。教学手段的选择必须遵循贴近学生实际需要、贴近模块内容的需要，结合高校学生思维活跃、活泼好动的特点，多组织学生到实训基地进行实地操练。教学评估和考核方式必须多元化，以就业为导向，避免单一的体育成绩考核。考核内容应该包括自主学习能力、体能素质、技能水平、职业关联性等方面，特别要注重加强与职业特性的联系。

（二）"模块式"教学模式在高校体育教学中的应用实践

1.高校体育专项教学中的"模块式"教学

高校体育专项教学中的"模块式"教学是指在高校体育教学中，针对学生体育学习的情况，对学生进行针对性的项目训练。在田径运动训练时，通过"模块式"教学模式将整个运动训练分成不同的训练模块，再结合田径运动专业的需求进行专门训练。例如，田径运动中的举重项目包括挺举与抓举。在抓举训练中，利用"模块式"教学模式分解整个教学过程。首先，举重训练前的热身训练非常重要，教师可安排学生慢跑两圈或做热身操来活动腿脚。其次，在抓举训练中，教师首先要为学生阐明抓举训练动作要点，再依照训练要求对学生进行训练。最后，教师在训练时要规范学生训练的动作，制定统一训练标准，引导学生提高自身训练成绩与质量。

2. 学生耐力训练中的"模块式"教学

在高校体育教学中，学生的耐力训练也可实施"模块式"教学模式。目前，竞技体育快速发展，要想在体育竞技中获得理想成绩，加强耐力训练显得尤为重要。通过耐力训练，学生意志力增强，这对体育教学非常重要。所以，高校体育教学必须要重视对学生进行耐力训练，并恰当地引入"模块式"教学训练方法。

（三）高校体育教学中应用"模块式"教学模式的意义

1. 有利于充分利用体育教学资源

为提升学生综合素质，体育教师一方面需通过体育知识技能讲解与训练使学生身体更为强健，另一方面需通过教学实践磨砺学生品格，弘扬体育精神，将百折不挠、坚持不懈、奋勇争先、团队协作等思想观念渗透在学生的价值体系中，使学生得以全面发展。同时，体育教师还需将优良品格带到工作岗位上，助力学生成为综合素质过硬的优秀人才。这就需要体育教师开展"模块式"教学活动，从能力本位教育、技能训练两个维度出发，讲解体育知识及技能，在教师充分利用教育资源的基础上提高体育教学质量。

2. 有利于调动学生体育运动及知识探究自主性

"模块式"教学注重现场教学，在"理论＋实践"基础上设定若干个育人模块，体育教师在讲解运动技巧时指引学生进行实践，通过观察学生动作找准教学指导切入点，提高师生互动效率，使体育教学课堂形成"讲解—实践—互动—讲解"的教学闭环，根据学生体育运动实际情况调整讲解内容，使该闭环更具人性化、合理性、发展性，突出学生体育知识学习实践主体地位，达到调动高校学生学习自主性的目的。

3. 有利于突出高校教育优势

高校主要面向社会培育岗位技能型优秀人才，"模块式"教学侧重职业岗位技能培养，加之我国有关该教学方法的研究较早，在累积教研经验基础上达成"宽基础、活模块"的育人共识，适合职业院校育人环境，使学生基础从业能力、人文素养得以全面提升，继而突出高校的教育优势。在高校体育教学中，对学生体育学习兴趣的激发非常重要。在高校体育教学中引入"模块式"教学模式，能够使学生的身体素质得到提升，技能训练得到增强。同时，在体育专项训练中应用"模块式"教学模式，有针对性地开展专项训练学习，能够促使学生发现学习中的问题并及时改正，不断提高自身的体育素质，不断促进身体素质的全面发展。随着课程改革的不断深入，高校在进行体育教学时要不断创新教学理念，使其能够顺应时代潮流，培养更多的专业人才。高校在体育实际教学中引入"模块式"教学模式有利于培养学生的自主学习能力。在此学习模式的带动下，学生身心健康都能够获得更好的发展，因此在应用"模块式"教学模式时，高校体育教师要根据"模块式"教学模式应用情况及学生的个性发展特点，制定合理的教学方案，激发学生的学习兴趣，提高教学效率。

二、高校体育教学中"模块式"教学模式存在的问题

（一）高校体育教学中缺少专业的体育方面的分模块教材

目前，"模块式"教学模式正在处于发展状态。"模块式"教学模式最开始是应用在普通文化学校的教学中，得到了良好的反响，后来逐渐扩大了使用范围，在一些高校的体育教学中也渐渐发展起来。但是，由于目前我国缺少体育教学方面的"模块式"教学教材，所以"模块式"教学模式在高校的体育教学中发展的速度比较缓慢。因为没有专业的体育方面的"模块式"教学教材可供教师参考，所以进行体育教学的教师只能摸索着前进，逐渐发现自己在"模块式"教学中存在的不足，并加以改进。但是，这些问题不是在短时间内就可以发现的，只能通过在日常教学中逐渐发现。除了这一方面的因素，很多地区因为教学设施不足导致体育教学存在很多短板，因此就算是已经成功了的体育"模块式"教学模式模板也无法应用到该地区的实际体育教学中去。由此可见，因为高校体育教学的教师没有可以利用参考的专业性"模块式"教学教材，所以要想在高校推行"模块式"教学模式，只能凭借着教师的教学经验进行探索和试验。在这种现状下，"模块式"教学模式很难在体育教学中大规模地应用。

（二）高校对体育教学没有足够的重视

在很多高校中，很多教师不重视体育教学，为了应对考试，只是一味地督促学生学习专业的文化知识，而且不仅是一些高校存在这种问题，很多学生和家长也认为学好专业就够了。这造成了高校专业课受到老师和学生们的重视，为专业课配备专业的教学器材，督促学生们积极上课，学生们也是十分重视专业课的学习，认为学好专业知识，考个好的专业成绩就万事大吉了，对于体育一点都不重视，抱着自由散漫的态度去应付体育课，甚至想方设法地逃脱体育课，态度十分消极。学校、老师还有学生们都不重视体育教学和体育学习，模块式教学方式也就很难在体育教学中实行开来，因此造成体育教学方法越来越落后，教学效率低下。

（三）在实行"模块式"教学模式时没有重视学生的需求

任何一种教学模式要想成功运行，都离不开教师和学生之间的配合，如果在教学过程中，学生无视教师，不配合教师，教学活动就很难继续下去，更不用说提高教学效率、完成教学任务了。"模块式"教学模式如果想在高校体育教学中发挥作用，就需要学生和教师相互配合，必须保证学生积极参与教学课堂。但是，在教学实践中，很多教师只是机械化地完成教学任务，根本不重视学生的根本需求，导致课堂无趣。此外，一些学生只重视专业课的学习，认为体育课堂不重要，应付过去就可以了。因此，要想让学生热爱体育课堂不是一件容易的事情。在这样的情况下，如果发展的"模块式"教学模式和传统的教学模式没有什么区别的话，就很难吸引学生的注意力，这会导致"模块式"教学模式在体育教学过程中难以获得大范围的发展和应用效果。

三、高校体育教学中"模块式"教学模式的改进方法

（一）满足学生的需要，充分调动学生的积极性

学生们重视专业课学习，无视或应付体育课是很常见的现象。因此，为了吸引学生的注意力，让越来越多的学生对体育课堂感兴趣，体育老师在进行体育课堂的教学活动时，可以进行一定程度的改革，在完成基本教学内容的基础上，设计一些学生感兴趣的小游戏，让学生参与进来。例如，教师可以定期举办一些小比赛，让学生因为比赛而认真准备、认真学习，通过比赛完全掌握教师的教学内容，同时也可以充分调动学生的积极性，提高学生的学习效率，达到一举两得的效果。除此之外，教师要了解清楚学生的需求，而不是一味地进行自己的教学活动，体育教学的目的就是让学生锻炼身体，学习一些体育方面的知识和技能。

（二）重视体育教学，研发一些适合的专业教材

高校体育教学内容不仅包括田径类运动，还有各种球类运动，如篮球、足球、排球、乒乓球等。大多数的高校都有校田径队、校足球队、校篮球队以及校乒乓球队等，这些队伍用来代表学校参加大型比赛，在运动会上和其他学校的代表队进行比赛，为自己学校争荣誉。在平常的体育教学中，高校可以对田径类课程和球类课程进行"模块式"教学，对每一个模块进行相应的教学研究，制定出适合本模块教学特点的教学方式，这样可以更有效地提高学生的体能和他们在体育竞技方面的能力。同时，为了实现模块式教学，必须研究出适合学校具体教学条件和教学内容的专业体育教学教材。现在高校普遍缺少专业的体育教学教材，而"模块式"教学模式在体育教学中正处在摸索前进的过程中，因此积极研究"模块式"教学模式，加快研发适用于高校体育教学的专业教材十分必要。为此，高校可以定期组织体育教师开展体育教学研究会议，大家在会议上互相交流、互相学习，总结经验，吸取已经成功的教学成果；还可以组织不同院校的教师相互相交流、互相学习，加快"模块式"体育教学专业教材的研究速度，尽快研究出适合本学校的"模块式"教学模式的教材。"模块式"教学模式因为其能够提高教学效率而广受教师和学生的欢迎。因此，应当加快"模块式"教学模式在高校体育教学中的应用，研究出适合的专业教材，以满足学生的需求，从而使"模块式"教学模式在体育教学中取得成功。

第五章 高校体育教学与科学、人文、健康教育融合的教学模式构建

第一节 高校体育教学模式与科学、人文、健康教育的融合

21世纪是知识经济飞速发展的时期，科技与教育将成为一个国家、社会发展的根本推动力。国家需要高水平、高素质、全面发展的人才，而这样的人才不仅要掌握先进的科学文化知识，更要具有健康的人格、高尚的品德、高度的责任感和积极的人生态度，这说明我国教育的重点内容是科学教育、人文教育、健康教育。学校体育教学改革作为学校教育改革的一个重要组成部分，在其教学改革的过程中也无不体现和渗透着与科学、人文、健康教育的融合。体育教学模式的创新与改革是体育教学改革的重点，体育教学模式的改革历程充分体现了体育教学模式与科学、人文、健康教育的融合。

一、体育教学模式与科学教育相融合

现代科学技术的发展日新月异。科学技术是第一生产力，也是现代人生活的重要主导力量。在现代科学迅猛发展和应用日益扩大的今天，越来越多的人逐渐形成一种科学的思维和观念，体现在体育上就是保持科学精神，对体育、体育教学的发展与改革进行

科学的认识，用科学的思维和态度对待体育和体育教学的变化。实事求是也是体育教学改革的基本原则，所以在构建体育教学模式时也需要一切从实际出发，遵循客观规律。从我国的国情来看，体育与科学教育、科学精神的融合经过了一个较长的过程。半个多世纪以来，我国体育事业取得了骄人的成绩，这同对体育事业的科学指导，正确的体育方针、政策与体育改革是分不开的。在体育教学中，教师能够根据学生的生理、心理活动规律，运用运动解剖学、运动心理学、运动生理学、运动医学等相关学科的知识，根据学生的社会适应能力来选择适合发展学生各方面能力的体育教学模式。在使用该教学模式时，教师能够根据实际的教学条件，针对不同的教学对象，因人而异、因地而异、因时而异地选择教学方法体系，这也充分体现出体育教学模式与科学教育达到了融合。

二、体育教学模式与人文教育相融合

"人文"一词包含着两个层面的意思：一个是"人"的层面，另一个是"文"的层面。前者是关于理想的"人"、理想的"人性"的观念；后者是为了培养这种理想的"人"或"人性"所设置的学科和课程。在探讨有关"人文"的问题时，人们可能对其"人"的方面和"文"的方面有不同的侧重，当作为"文"的方面、文科课程的方面得到更多的强调的时候，人文被等同于人文学科和人文教育，特别是文、史、哲教育。但是，无论是西方国家还是中国，作为人文的第一方面的"人"的理念向来是更重要的、更基本的。而恰恰是为了强调这个更重要的方面，才出现了"人文精神"的说法。所谓人文精神，是整个人类文化所体现的最根本的精神之一，或者说是整个人类文化生活的内在灵魂。它以追求真、善、美等崇高的价值理想为核心，以人的自由和全面发展为终极目的。现代人文精神以人为终极关怀的对象的实质就是以人为本，强调尊重人，充分肯定人的价值，重视文化教育，优化人性，提高人的素质和精神境界，树立高尚的人格理想和道德追求，使人得到自由的、全面的发展。它强调的是用文化的力量教化人。中国的人文精神一开始就孕育在礼乐教化之中。"人文"一词最早出现于《周易·贲卦·彖辞》："刚柔交错，天文也；文明以止，人文也。观乎天文以察时变，观乎人文以化成天下。"其中的"人文"，喻指人事条理，而"化"则含有"教化、风化"的含义，显露出人伦至上、道德经世观念的端倪。而孔子将道德教化进一步提升，强调社会要有秩序，强调人群之间要和谐，强调个人要有道德修养。这便是中国的人文精神之源。张岂之先生在《中华人文精神》一书中把中华人文精神概括为人文化成（文明之初的创造精神）、刚柔相济（穷本探源的辩证精神）、究天人之际（天人关系的艰苦探索精神）、厚德载物（人格养成的道德人文精神）、和而不同（博采众家之长的文化会通精神）、经世致用（以天下为己任的责任精神）、生生不息的发展精神。正是这些中华民族传统文化中的精髓哺育了一代代中华儿女，延续着华夏的文明之光，播撒着世界上唯一不曾中断的古老文明的火种。追溯中华民族的文化发展历程可以看出，虽然中华民族有着源远流长的人文传统，但却自古以来缺乏对科学的足够重视。正如蔡元培先生所言，在中国，我们的教育至少两千年来没有面向更高的科学教育，而只重人文、道德。这就显现出一个几千年来一直存在的教育问题——偏重人文，缺乏与科学教育、健康教育有机融合的教育。20世纪初，民主与科学被中国先进知识分子作为救亡图存的武器广泛传播，尤其是科学在此时期受到极大的关注。由于中国长期以来积贫积弱，人们对科学信仰的过热，终于由对科学的追求演化为对科学的崇拜。这种为救亡图存而演化成的科学崇拜带来了另一个弊端——偏重科学，也导致"唯科学主义"思潮的张扬。1919年后，中国的传统大学相继确立了学术自由、思想独立之类的教育文化的基本价值。但是，由于社会现实环境所迫（如抗日救亡运动的需要等），当时的国民政府采取了限制文科、鼓励实科发展的倾斜政策，以培养实用的专业人才，这引发了20世纪40年代知识界的"文实之争"、"通才教育"与"专才教育之争"。中华人民共和国成立之后，以迅速实现工业化、赶超发达国家为目标，在全面学习苏联模式影响下的中国高等教育从20世纪50年代初就奠定了以工程技术、专门教育为主，即"重理轻文"的格局。这种格局和思想观念一直到今天仍然有很大的影响力，"学好数、理、化，走遍天下都不怕"的思想至今仍然左右着一些人的观念。20世纪80年代以来，传统教育的迅速发展导致中小学教育的严重畸变。在大力提倡素质教育而传统教育的惯性还远没有结束的今天，要想弥补由传统教育造成的教育人文性的流失，现代高等教育就势必要大力提倡人文教育。但现在所提倡的人文教育也不能像20世纪初胡适先生主张的所谓"矫枉必须过正，不过正不能矫枉"的文化激进主张，而是要将人文教育与科学教育有机地融合起来。如何将中华民族的人文传统进一步发扬光大，并与中国的教育实际相结合，是现代教育工作者应当关注和探索的课题。众所周知，教育肩负着传承文化的历史重任，教育工作者的使命是在传授科学文化知识的同时，塑造一个完整意义上的"人"。因此，教育的根本目的是要把个体的人培养成能自由和全面发展的，能充分发挥其优势和潜能的社会的人。从事高等教育的大学（或学院）的主旋律是"育人"，而非"制器"，是培养高级人才，而非制造高档机器。大量事例说明，我国的学校教育出现了缺少人文精神关怀的弊端。在我国的高等教育领域，尤其在专业划分越来越细的今天，教育工作者除了要向受教育者对专业知识进行"传道、受（授）业、解惑"，更要侧重于培养全面发展的"人"。正如爱因斯坦在半个多世纪以前为《纽约时报》撰文时所说，仅仅用专业知识教育人是不够的。作为学校教育的一个重要组成部分——学校体育教育，为了摆脱单调而枯燥的传统体育教学训练对增强学生体质的暂时作用，正在进行改革与创新，与其他形式的教育一样，与时俱进，不断创新，与国内外的先进教育理念和教育思想保持着一致性。从体育教学模式自身的发展来看，从先后出现的发现式体育教学模式、启发式体育教学模式、探究式体育教学模式、快乐体育教学模式、成功体育教学模式及俱乐部式体育教学模式等不难看出，体育教学模式的发展趋势是越来越重视学生的主体性，强调学生的自觉能动性、创新性，强调对学生兴趣、爱好、体育意识的培养，强调学生在体育教学过程中的情感体验。人文教育是培养全面发展人才的根本出发点。从现代高校教学改革及其组成部分之一的体育教学改革发展趋势来看，体育教学模式改革与创新体现着人文教育的内涵。

三、体育教学模式与健康教育相融合

"健康教育"是目前被国内外广泛引用的名词，作为一种有组织、有目的、有评价的教育活动，其主要通过传授与日常生活有关的健康知识，树立正确的健康观念和培养规范化的健康行为，使人们能自觉参与改善环境卫生条件，帮助开展社区健康活动，从而达到建立健康生活方式的目的。"健康"的英文"health"源于公元 1000 年英国盎格鲁萨克逊族（Anglo-Saxons）的词汇，其主要的含义是"安全的、完美的、结实的"。1948 年，世界卫生组织给"健康"下的定义为：健康不仅仅是没有疾病和衰弱状态，而是一种在身体上、精神上和社会上的完好状态。这就突出了将人的生理、心理和社会三个侧面有机融合起来，形成了健康的三维立体概念，即三维健康观。1989 年，世界卫生组织又提出了"健康"的四个标准，即"身体健康、心理健康、道德健康、社会适应良好"。这就更加明确了"健康"的内涵，也从根本上否定了那种认为"无病、无伤、不虚弱就是健康"的原始健康观。进入 21 世纪，为了贯彻落实"健康第一"的指导思想，学校体育开始进一步明确，应该使体育与健康这两个相关学科互为补充，并在它们之间树立一个整体的观念；充分利用体育多功能特征与健康多文化内涵的互为一致性，启发学生对"体育有助于健康"的概念有更深入的理解。随着时间的推移，人们逐渐接受完整、科学的健康观，加之国际上健康教育的蓬勃发展，学校健康教育越来越受到人们的重视。在融入国际教育大潮的历史进程中，中国教育积极主动地汲取国际上有关教育理论与实践的精华，真正将"健康第一"提上日程。纵观国家近年发布的相关文件可以看出，我国高等教育的总体要求为，在坚持素质教育的基础上，学校教育要树立"健康第一"的指导思想。而高等教育中的体育教育还要把"健康第一"的指导思想作为选择体育教学模式的基本出发点。这就把体育与健康有机地结合在了一起。高等院校的体育教学对培养我国未来的建设者和接班人来说有着不可估量的作用，高等院校的体育教育改革只有与健康教育相融合才能培养出适应社会发展需要的各种人才，才能胜任未来社会给出的挑战，才能抵住高速发展的社会给予的心理、生理等多方面的压力。因此，体育教学模式改革作为体育教学改革中的重要部分，与健康教育相融合显得有理可依了。处在 21 世纪的中国，教育要以史为鉴，再也不能用"矫枉必须过正"的观念左右人们的思想，而是要将科学教育、人文教育、健康教育有机地融合起来，使三者协调发展，为培养真正完整意义上的"人"服务。恰如 1948 年梁思成先生所发出的"走出半个人的时代"的呼吁，现代教育要竭力避免使学生成为只懂技术而灵魂苍白的空心人和不懂科技奢谈人文的边缘人。而关于人文与科学的关系，中科院院士杨叔子教授总结得非常精辟：科学是立世之基，人文是为人之本。没有科技，就会落后，一打就垮，受人宰割；没有文化，就会异化，不打自垮，甘为人奴。科学与人文共生互动，相同互通，相异互补，和而不同，利于创新。健康是人们发展科学、崇尚人文的基本。没有科学的人文是残缺的人文，人文中有科学的基础与珍璞；没有人文的科学是残缺的科学，科学中有人文的内涵与精神。然而，没有健康教育的科学教育和人文教育都是虚设的。因此，科学教育、人文教育、健康教育是不可分割的一个整体的三个方面，不能重视其中一个方面而忽视或抛弃其他两个方面，或只重视其中的两个方面而忽视另一个方面，单纯地强调某一个方面而忽视其他方面都是一种极端，或人文极端或科学极端或健康极端。令人欣慰的是，我国已经意识到教育领域，尤其是高等教育领域存在的问题和弊端，于 20 世纪 90 年代已经开始着手进行大跨步的教育改革，并已经取得了显著成效。世纪之交，我国的教育改革更是进行得如火如荼。自 1999 年国家发布《中共中央　国务院关于深化教育改革全面推进素质教育的决定》以来，以"素质教育"为核心的研究及教学改革成果层出不穷。而实施素质教育，提高学生的思想道德素质、文化素质、业务素质、身体素质、心理素质，即要真正提高学生的全面素质，特别是要提高学生的文化素质，推进科学教育、人文教育和健康教育的融合是其根本的措施。科学教育、人文教育和健康教育的融合是一个重大的教育思想、教育理念，也是一个重大的教育理论问题。对于 21 世纪我国的高等教育是一个重大的课题，是我国在 21 世纪建设先进德育思想的重要内容之一。

第二节　理论基础及教学方法

一、与科学、人文、健康教育相融合的高校体育教学模式的理论基础

（一）以人为本的理论基础

以人为本的人本主义思想，也称为人文精神，是当今世界的主流思想之一。人本主义思想体系的核心是人的主体性，在当今的教育界也得到了广泛的关注。在教育中，人文精神追求教学理论与实践的人文化，以情感、个性、主体性和艺术性为特征，把教学作为一门艺术去研究，把教学实践作为一种情意的、人性化的活动去进行，是人文主义精神的主要内容。所谓人文精神，应当是整个人类文化所体现的最根本的精神之一，或者说是整个人类文化生活的内在灵魂，它以追求真、善、美等崇高的价值理想为核心，以人的自由和全面发展为终极目的。现代人文精神以人为终极关怀的对象，其实质就是以人为本，强调尊重人，充分肯定人的价值，重视文化教育，优化人性，提高人的素质和精神境界，树立高尚的人格理想和道德追求，使人得到自由的、全面的发展；强调用文化的力量教化人，其核心就是要主动表现体育对人类生存意义及价值的终极关切。人文是为人之本，它解决的是"应该是什么""应该培养什么样的人"的问题。在以人为本的体育世界里，人文精神强调在对体育的认识中倾注以人为本的人文精神，而传统的生物体育观则把注意力只集中在体育对人的生物性效果上。人本主义认为，教学的基本目的在于促进人的各种潜能的充分发展，满足人的多层次的心理需要，对人进行终极关怀，从而造就一代人格更为健全、发展更为均衡的人（全面的人）。人文精神进入学校

体育能促进学校体育的课程改革的推进。学校是培养人才的重要基地，进入 21 世纪，单调而枯燥的传统体育教学训练虽然暂时起到了增强学生体质的效果，但学生毕业后很难再有在学校上体育课时的那种条件和环境，体育意识将在快节奏的现实生活中逐渐消失。高校要想在体育课堂中体现人文精神，必须顺应人类可持续发展的现代趋势，抓好学校体育改革，使体育课程与国际接轨。科学精神和人文精神相结合成为教学研究的主题，科学精神和人文精神结合的过程在我国是曲折的。我国传统的高校体育教学过多地重视物质层面的东西，而轻视精神层面的东西。在体育教学过程中，教师本着以人为本的教学思想有利于提高学生的体育热情和兴趣，保持学生的学习情绪，尊重学生的主体地位，发挥学生体育学习的主动性和积极性，培养学生的个性，为培养全面发展的人提供可靠依据。

（二）科学与技术、技能学习的传统理论基础

科学技术是第一生产力，也是现代人生活的重要主导力量。随着时间的推移，现代科学技术的发展日新月异，科学技术的重要性日益凸显。在现代科学迅猛发展和应用领域日益扩大的今天，越来越多的人逐渐形成一种科学的思维和观念，即用科学的眼光来审视、用科学的态度来对待形形色色的事物，也包括学校体育。科学精神是立世之基，科学求"真"解决的是"是什么"的问题，一切违背客观事实及其规律的认识与活动必将导致失败。在体育中保持科学精神、科学认识、科学思维和科学态度是体育运动实践在人们头脑中的正确反映，也是现代体育观念的重要组成部分。科学在现代体育的发展中并不是唯一的理性力量。科学（指自然科学）好似一柄双刃剑，它只有在与人文科学的结合中，在推进社会发展、人类进步的实践中，才能发挥有益于人类的伟大的力量。现代科学与人文的融通和整合的趋势表明，科学精神与人文精神在体育教学中的结合是必要的，这种融通和整合成为一种新的体育理念和引人注目的趋势。教育部在 2002 年8 月印发的《全国普通高等学校体育课程教学指导纲要》中指出，体育课程是大学生以身体练习为主要手段，通过合理的体育教育和科学的体育锻炼过程，达到增强体质、增进健康和提高体育素养为主要目标的公共必修课程；是学校课程体系的重要组成部分；是高等学校体育工作的中心环节。体育课程是寓身心和谐发展及思想品德教育、文化科学教育、生活与体育技能教育于身体活动并有机结合的教育过程；是实施素质教育和培养全面发展的人才的重要途径。在高校体育教学中，教师要使学生能够积极参与各种体育活动，并基本形成自觉锻炼的习惯，基本形成终身体育的意识；能够独立制定适用于自身需要的健身运动处方，编制可行的个人锻炼计划，具有一定的体育文化欣赏能力和较高的体育文化素养；能够熟练掌握两项以上健身运动的基本方法和技能，科学地进行体育锻炼，积极提高运动技术水平，发展和提高自己的运动才能，掌握常见运动创伤的处置方法；能够测试和评价体质健康状况，掌握有效提高身体素质、全面发展体能的知识与方法；能合理选择人体需要的健康营养食品，养成良好的行为习惯，形成健康的生活方式，具有健康的体魄；能够根据自己的能力设置体育学习目标，自觉通过体育活动改善心理状态、克服心理障碍，养成积极乐观的生活态度；能够运用适宜的方法调节自

已的情绪，在运动中体验运动的乐趣和成功的感觉；能够表现出良好的体育道德和合作精神，正确处理竞争与合作的关系。为防止体育运动中存在的某些异化趋向，越来越多的学者和有识之士主张并倡导科学体育观与人文体育观的相互融通和整合，以作为对现代体育运动祛邪的一剂良药，避免体育教学改革走弯路，从而促进新型的体育教学模式的实施。

（三）"健康第一"的指导思想

2002 年 8 月 6 日教育部印发《全国普通高等学校体育课程教学指导纲要》（以下简称《纲要》）的通知，《纲要》中明确指出把"健康第一"的指导思想作为确定课程内容的基本出发点，使学生能达到测试和评价自身体质健康状况，掌握有效提高身体素质、全面发展体能的知识与方法；能达到合理选择人体需要的健康营养食品、养成良好的行为习惯、形成健康的生活方式、具有健康的体魄的身体健康目标；能达到根据自己的能力设置体育学习目标，自觉地通过体育活动改善心理状态、克服心理障碍，养成积极乐观的生活态度目标；能达到运用适宜的方法调节自己的情绪，在运动中体验运动的乐趣和成功的感觉的心理健康目标。"健康第一"是学校教育的需要。学校只有把"健康第一"的思想作为工作的出发点和归宿点，素质教育才能真正地得到落实，也才能开展得富有实效。所以，对"健康第一"的理解与其说是通过体育改善学生的健康状态，不如说是在体育教学过程中注重健康观的培养和健康行为的养成。学校体育教学的目的是促进学生的身心健康，无论是体育理论知识的学习，还是运动技术的学习，都是为了学生具有锻炼身体的基本知识、基本技术和基本技能。所以，只有将"健康第一"的指导思想作为检验学校体育教学工作的"试金石"，才能真正检验高校体育的教学质量。在高等教育与国际接轨的今天，用新的健康观指导学校体育教学正是大势所趋。在新的健康观指引下，高校体育教学模式的教育理念应由传统的单纯以增强体质为目的的健康观向为培养全面发展的人服务的健康观转变。同时，面对我国人文教育与科学教育相融合的高等教育改革与发展趋势，现代多维的健康观也为我国高校体育教学模式的创新提出了更高的要求，即仅仅强调人文教育、科学教育与技术技能教育的融合已经远远不够，还要关注学生的健康情况，这样才能切实贯彻落实国家提出的"健康第一"的教育思想，为培养全面发展的完整的人服务，充分体现"身、心、群"协调发展的观点。

二、与科学、人文、健康教育相融合的高校体育教学模式的教学方法

结合教育学中有关教学方法的原理，根据现代体育教学改革的特点和变化特征，依据体育与健康课程标准的目标，高校体育教学可供选择的教学方法很多，主要包含体育健康知识和运动技术理论教学方法、发展学生体能教学方法、运动技术教学方法、激励与评价运动参与教学方法、发展学生心理教学方法、发展学生社会适应能力教学方法等。

构建与人文、科学、健康教育相融合的体育教学模式无非是要在最大程度上实现或者达到"运动参与、运动技能、身体健康、心理健康、社会适应"五大课程领域的目标，这就自然需要通过人文教育，科学教育与技术、技能教育，健康教育这三个手段来实现。这五大领域目标与体育教学模式的主导手段——人文教育，科学教育与技术、技能教育，健康教育之间有着密切的联系。

（一）体育教学模式的人文手段

人文教育是"运动参与"和"社会适应"目标实现的主导手段，人文教育旨在提高人的素质和精神境界，用文化的力量教化人。当学生通过人文教育的实施具有运动参与的意识和兴趣并真正想参与其中时，就会主动去学习运动技能的相关知识以达到运动参与的相对完美，这是人们的求好心理使然；当学生主动想参与运动、主动学习运动技能时，其身体健康的目标就正在实现；当学生懂得主动参与、学习运动技能、逐渐接近身体健康目标时，其成就感就会日趋增强，心理健康的程度就会日渐上升，与心理健康目标的差距也会逐渐缩小。同时，人文教育手段可以实现对学生进行和谐人际关系教育的目的，使学生在运动参与时与其他学生互帮互助、团结协作，达到运动技能、身体健康和心理健康发展的效果。

（二）体育教学模式的科学与技术、技能手段

科学教育与技术、技能教育是"运动技能"和"身体健康"目标的主导实现手段，当科学教育与技术、技能教育发挥其作用——使学生掌握相应的专项知识和技能时，学生就自然会以所学专长作为运动参与的内容；当学生具有运动专长并能积极主动参与其中，能运用所掌握的科学教育与技术、技能教育知识和技术、技能监测身体的健康状况、合理选取有效的体育健康手段时，也自然会促进其身体健康和心理健康；当学生能够达到运动参与、运动技能、身体健康和心理健康时，其他学生向其讨教练习技能时他（她）就会言之有物，将自己的学习心得和体会拿出来与同学交流，这也自然就在增进人际交往的同时向社会适应的目标迈进了。

（三）体育教学模式的健康手段

健康教育是"身体健康"、"心理健康"和"社会适应"三个领域目标的主导实现手段。通过在教学过程向学生明确健康的真正内涵和标准，学生就会了解什么是真正的健康，就能够积极、主动地参与运动、学习运动技能，从而促进身体健康。"社会适应"目标中体育道德的问题，正是道德健康的范畴，同时也需要人文教育作为主导手段来实施。因此，人文教育，科学教育与技术、技能教育和健康教育是相互融合的共生体，只有三者共同发挥作用，才能达到"通过体育文化的传承，培养全面发展的完整的人——具有人文精神、科学精神、健康意识的复合型体育教育人才"的体育教育目标，这也正符合身、心、群协调发展的教育观。

第三节　指导思想和教育理念

体育课程目标的多元化必然会带来教学指导思想的多元化格局。高校体育课程改革应该在"健康第一"和"终身体育"思想的指导下，迎合国内外"科学与人文相融合"的主流思潮，根据《全国普通高等学校体育课程教学指导纲要》规定的体育课程五大领域的基本目标，树立相适应的体育教学指导思想：增强体质的教学指导思想、强调运动技能的教学指导思想、扶植学生体育社团的指导思想和突显体育文化教育的指导思想。

一、现代体育教学模式的发展应体现科学、人文、健康教育思想的内涵

随着体育教学改革的不断深入，体育教学模式的创新还将继续。从体育教学模式的概念来看，体育教学模式的创新与构建应遵循以下几项原则：

①应具备体育教学模式的四个基本条件，即明确的教学指导思想、单元教学计划、操作程序、与之配套的体育教学方法；

②在理念体系上要相当成熟；

③应遵循体育教学模式的分类规律；

④应有相当的实践基础，并收到较明显的效果。

体育教学模式中人文教育的方面主要体现在：

①重视开发学生的认知能力。例如，在探索式教学模式、发现式教学模式、启发式教学模式中，教师在教学活动中设置挑战性的问题情境，使教学内容体现新奇、富有趣味等特征，以激发学生求知的内驱力。此外，在这些教学模式中，教师也往往不将现成的答案直接传授给学生，而是让学生像科学家一样，为了发现新知，深入到知识、技术、技能的形成过程中，以培养和发展学生在体育活动中特有的智能，并提高学生在体育学习中的兴趣和效率。

②重视学生情感的投入。例如，在快乐式体育教学模式中，教师能注意到学生在体育活动中的情绪体验，并激发学生的学习积极性、主动性，以保证学生以最佳的情感状态投入到学习和活动中；在成功体育教学模式中，高校重视将课堂教学的过程评价与单元教学结束时的单元评价相结合，要求教师在"相对的标准"中掌握各自的教学目标，把学习的成功体验带给全体学生。在这些教学模式中，主要通过教师绝对权威形象的转变，体现学生的学习主体性、主动性、积极性、体验性。

③重视体育文化的传承。在对某一项目进行体育教学时，教师将这一项目的历史起源、发展变化、著名体育人物以及体育规则都加以强调。

④重视对学生进行体育道德的培养。通过现代的多媒体体育教学模式向学生展示国内外的重大体育赛事，使学生在比赛中了解比赛项目的规则、裁判方法以及场地的布置，了解运动员拼搏进取的体育精神、裁判无私的公平态度。这些都使学生的人文情怀能够得到进一步发展，情感因素不断融进教学过程之中，为培养全面发展的人打下了精神基础，科学教育与技术、技能教育在体育教学模式发展中得到体现。

教育是为培养人服务的，但是教育的对象或被培养的人并不是一开始就具备某种技术、技能，为使受教育者在未来社会占有一席之地，在未来社会激烈的竞争中保持健康强壮的身体和一技之长，体育教学模式必须体现对学生的科学教育与技术、技能教育。在体育教学中，教师通过传授科学的锻炼方法、正确的动作技术，用各种教学方法使学生掌握一定项目的技能。例如，传统运动技能教学模式就是要通过对运动技术的学习达到掌握运动技能的目的。在这种教学模式实施的过程中，教师通过向学生传授动作技术的特征及其规律，使学生充分发挥运动能力，合理有效地完成动作；通过分段学习和细化学习，使学生初步学会运动技能、掌握运动技能，达到自动化的程度。又如，领会式体育教学模式是指在尝试中了解与明白学习运动技术的重要性，在完整示范后再分解教学，在掌握各分解动作的基础上再进行完整学习，或以开展竞赛的形式进行教学，目的就是使学生能够掌握技术、技能。

二、常见体育教学模式的指导思想

（一）传统运动技能教学模式

此模式的主要目标是通过对运动技术的学习，达到掌握运动技能的目的。它的主要理念是通过运动技术的分段学习和细化学习，使学生初步学习运动技能，并使运动技能的掌握达到自动化的程度

（二）启发式（发现式）体育教学模式

其指导思想主要表现为：①体现以学生为主体、为中心的思想；②开发学生的智力，调动学生思维的主动性、积极性；③不给学生现成的答案，而是让学生自己去探索问题的答案；④强调问题情境设置，使学生比较自然地进入情境，激发学生的学习热情；⑤调动学生学习的积极性，增加学生学习的趣味性，提高学生学习的有效性；⑥提高运动技能学习的效率

（三）领会式体育教学模式

其指导思想主要表现为：①先尝试，后学习；②在尝试中了解与明白学习运动技术的重要性，以提高学生学习的主动性；③先完整后分解教学，在掌握各分解动作的基础上完整学习，再尝试，比较学习前后的效果；④多以竞赛的形式开展教学组织活动，以提高学生学习的积极性。

（四）选择制体育教学模式

该模式主张通过让学生对学习内容、学习进度、学习参考材料、学习伙伴、学习难度等因素进行一定程度的自选自定，调动学生的学习积极性和主动性，在一定程度上满足学生在运动学习中的不同需要，并在自主性、自立性较强的学习过程中发展学生的学习能力

（五）小群体体育教学模式

其指导思想主要表现为：①强调组内学生的精神，并团结一致，提高组内的竞争力；②组间学生在条件基本均等的情况下合理竞技，激发学习兴趣，提高学习效果；③培养学生胜不骄、败不馁的意识；④通过学生互帮互助、合理公平的竞争，发展学生的社会适应能力、心理健康水平

（六）体育锻炼类教学模式

其指导思想主要表现为：①有侧重性地发展学生的身体素质，适应日常教学的需要；②坚持长期发展的原则，全面锻炼学生的各项身体素质，增强学生的体质；③运用课课练的教学思想，促进学生身体素质的可持续发展；④采用短时高效的强化练习方法

多种教学模式众说纷纭，各有各的优点，也各有各的缺点。但从整体上看，我国体育教学模式的指导思想除保证学生运动参与、运动技能得到满足之外，一直朝着培养学生身体健康、心理健康、有良好的社会适应能力等方向发展。表格中的这些教学模式的指导思想没有一种是既包括身体素质的锻炼，运动技术、技能的形成，又包括心理健康、社会适应能力培养的。因此，在体育教学发展的过程中，高校必须构建一种新的体育教学模式来体现能够培养具有人文精神、科学精神、健康意识的全面发展的人的体育教学指导思想。

三、确定与科学、人文、健康教育相融合的高校体育教学模式的指导思想

任何体育教学模式都是在一定的教学思想或理论指导下提出来的，这些教学思想或理论指导是建立各种体育教学模式的理论基础，反映了体育教学模式的内在特征，使每种教学模式都有自己鲜明的主题，包含内容、程序、方法等其他构成因素。体育教学指导思想是体育教学模式的灵魂，不同的体育教学指导思想直接决定体育教学过程或程序的设计与体育教学方法的选择，不同的体育教学指导思想必然会促使不同的体育教学模式产生。根据世界卫生组织对健康概念的界定，教育部《全国普通高等学校体育课程教学指导纲要》的精神，《中共中央 国务院关于深化教育改革全面推进素质教育的决定》的总体要求可以看出，新型体育教学模式的指导思想是：在高等院校体育教学中，通过体育文化的传承，结合人文教育，科学教育与技术、技能教育和健康教育有机融合的教育手段，促进学生身、心、群素质的全面发展。

四、确定与科学、人文、健康教育相融合的高校体育教学模式的教学理念

从体育教学改革的不断深入，到现今普通高校体育教学的日益成熟，体育教学模式通过不断的创新，以其特殊的教育手段与教育方式，达到特殊的教育目的。在不断的发展、变化和改革进程中，高校体育教学模式在承载传统的科学教育与技术、技能教育的基础上，吸纳着现代体育教学的人文思想和教育理念。置身于高校的体育教学模式应确立有其自身特色的继承传统，顺应时代发展潮流的现代学科教育理念。从早期的体育教学改革到体育教学模式不断创新的今天，高校体育教学模式在不同时期以不同的模式出现，用特殊的表现形式表达体育教学的教育理念与思想。作为体育教学中一个重要组成部分的体育教学模式必然要分担体育教学的传统教育理念，并与中国人文文化相融合，为培养全面发展的人服务，同时要突出体育教学的功能——教育性。高校培养的毕业生将作为国家栋梁分散到社会各个岗位，对社会的发展与建设起重要作用。因此，与科学、人文、健康教育相融合的体育教学新模式要本着科学与技术、技能的专项教育与人文教育、健康教育相结合的原则，有针对性地开展体育教学活动，培养具有体育道德精神，掌握专项技术与技能、科学的锻炼方法和竞赛规则、体育保健与卫生知识，具有创新精神、实践能力和较强的社会适应能力，能形成"终身体育意识"的综合型人才，并相应地融合"运动参与、运动技能、身体健康、心理健康、社会适应"等培养目标，充分体现出"培养全面发展的人"的教育理念。《中共中央 国务院关于深化教育改革全面推进素质教育的决定》中明确要求，高等教育要普遍提高大学生的人文素养和科学素质，这为我国的高等教育设定了明确的培养目标，即无论什么专业都要以"普遍提高大学生的人文素养与科学素质"服务。作为大学教育的一个重要组成部分——高校体育教学，势必要完全摆脱原有的传统思想的束缚，确立"培养全面发展的人"的全新教育理念。从目前我国普通高校体育教学管理改革与模式探索来看，高校体育教学呈现由"项目教学"向"项目教育"转变、由"技能传习"向"文化传承"转变，并突出人文教育与科学教育的融合，确实符合我国高等教育发展的趋势。随着"健康第一"指导思想在学校体育教育实践中的逐步深入，与科学、人文、健康教育相融合的体育教学发展方向已成为现时代高校体育教学改革的总体方向和趋势。作为体育教学中的重要组成部分——高校体育教学模式，其教育理念也自然要顺应体育教学的发展方向，确立其有自身特色的教育理念：通过对高校体育教学的认识与实践，培养出具有科学精神、人文精神、健康意识和国际视野的综合性的、全面的、和谐的复合型人才。

第四节　模式构建策略

一、与科学、人文、健康教育相融合的高校体育教学模式构建价值

（一）有利于强化学生未来的职业素质

在经济全球化的背景下，人才成为了竞争的关键，因此国家强力推行人才强国战略。高校在人才强国战略中发挥着至关重要的作用，具有非常突出的特点和优势，承担着我国应用型人才培养的重大责任。因此，面对新的发展形势，为使高校学生能够更好地适应社会，高校必须将高校教育的职能进行更好的发挥，加强对学生进行体育培养、智育培养等，注重学生理论知识和应用技能的提升，使学生能更好地适应社会的发展需求；加强体育教学改革，充分调动学生参与高校体育教学的积极性，提高他们的身体素质，为他们步入社会打下坚实的基础。此外，高校体育教学管理改革还能够进一步培养学生的团队协作精神、爱心以及艰苦奋斗的精神，对其全面发展是极为有利的。

（二）有利于培养国家所需要的人才

现在的社会发展形势使人才的重要性更加凸显。对于国家而言，要想提升综合国力，必须要有强大的人才资源作为后盾。因此，高校体育教学应紧紧围绕促进高校学生德、智、体、美全面发展，积极推动高校教学改革和创新，将德育、智育、美育融入体育教学中，培养高校学生健壮的体魄、健全的人格以及健全的心理，满足社会对优秀人才的需要。

（三）有利于推动高校体育教学创新

高校体育教学与普通高校体育教学存在一些个性化的差异，因此在进行高校体育教学中，教师应当将高校体育教学与普通高校体育教学进行有效的融合，采用综合性的教学手段，培养学生的体育意识和学生适应社会所必须要具备的强健体魄，使之更好地适应社会的发展要求。通过有效的改革，高校能够更好地为学生的发展创造优越的条件；通过构建完善的教学体系，高校体育教学在不断提高的过程中实现新的突破。因此，在开展高校体育教学的过程中，高校必须要以学生将来的就业为主攻方向，努力提升学生的实际应用能力，针对性地进行教学；基础教育不能放松，同时还应当将实用教育引入其中，使学生获得全面的发展，从而促进高校体育教学的不断创新。

二、创设体育与科学相融合的策略路径

（一）明确体育科学在现代科学体系中的地位和归属

体育科学是现代科学体系的一个有机组成部分。只有不断引入和吸取现代科学技术的最新成果，创新体育科学研究思维方式，变革体育科学方法论的体系，突破传统研究方法的局限性，为体育科学研究提供新的思路和途径、可借鉴的新的研究方法和手段，开辟新的研究对象和领域，增添新的研究材料和内容，不断丰富和完善自身，新的思想、概念、原理、理论以及新的研究方法和手段才能产生，体育科学才能提升整体的科研水平，向着更深层次、更广视野和更高水平方向发展，进而得到健康的发展。同时，体育科学又有相对的独立性。体育科学是研究人的体育运动和体育运动的人，体育科学的研究对象和内容、领域和范围、方法和手段规定着体育科学的性质：体育科学既不属于教育科学、人文社会科学，也不属于自然科学、人体科学。体育科学的研究内容和领域，研究的广度和深度远远超出了教育科学、人体科学、自然科学、人文社会科学的范畴，体育科学已逐步发展成为一个门类齐全、结构合理，相对独立、完整统一的学科体系。现代体育科学学科体系确立体育科学在现代科学体系中地位和归属，有利于阐述现代体育科学学科体系的内在联系和外部作用，客观真实地反映出体育科学各学科之间以及体育学科与现代科学之间的关系。体育科学学科体系作为一个整体系统是相对的。相对于作为系统要素的各个体育学科以及由要素学科组合而成的各种学科群而言，体育科学学科体系是作为一个相对独立的整体系统——体育科学；相对于现代科学体系总体而言，体育科学学科体系只是整体系统中的一个组成部分，是现代科学体系中的一门学科——体育学科。随着体育科学的理论体系和学科内容结构的发展完善，现代体育科学学科体系具备与纵向层次结构、横向部类结构的"现代体育科学技术体系"对接的条件，体育科学已发展成为"现代科学技术体系"中横向上部类结构的第十二大部类。

（二）突出体育科学学科体系的系统有序和发展特征

突出体育科学学科体系的系统性，运用系统结构、层次类型等范畴阐明体育科学学科体系框架、存在形式以及运动方式，规范和明确体育科学学科体系概念的系统性，把握体育科学学科体系的学科性质、组成、结构、层次、类型，有助于人们从整体上来认识体育科学学科体系内各学科的组成与结构、地位与作用，以及各学科相互联系和作用的方式与秩序，有利于认识各学科产生基础和派生来源，认识各学科的发生机制和发展轨迹，掌握各学科的发展动态和发展趋势，能够对体育学科的发展和演化进程做出合乎规律的解释，对学科发展的方向、重点领域做出合乎规律的预测，有利于人们发现新问题，开辟新的研究方向和研究领域，不失时机地发展新学科。现代体育科学学科体系符合体育科学发展的内在逻辑和变化规律，体现现代体育科学在高度分化的基础上产生高度综合的现象。学科越分越细，研究的综合性越来越强，体育科学研究向纵深处发展，呈现出学科分化和综合、交叉融合、自组织重构和整合整体化的发展趋势，学科的理论方法、技术手段、领域边界有新的突破，新兴分支学科、交叉学科、综合性学科的产生，

学科群集聚，体育科学各学科之间以及体育学科与其他学科之间彼此交叉、渗透、融合，相互促进、协同，各学科之间横向、纵向间的联系更加紧密，结构更加合理有序。一方面，新学科不断孕育产生和发展成熟，学科间不断地交叉、渗透和分化综合，学科群不断集聚整合；另一方面，体育科学不断引进吸收现代科学技术的最新成果，更新、改造和提升自己的学科水平和地位，丰富、完善自己的学科体系。

（三）突出体育科学理论联系体育运动实践

从体育科学理论与运动实践关系切入，注重分析体育科学学科体系与体育运动实践活动体系之间的外部联系，以身体练习为逻辑起点构建相互关联的、具有层次类型特征的体育实践体系和体育科学学科体系，使体育科学学科体系能够客观、全面、真实地反映体育运动实践体系，实现体育科学理论与体育运动实践的对接，体育认识活动与体育实践活动的对接。科学是反映客观事物本质和规律的理论化、系统化的知识体系，是主观认识与客观实际的具体统一。体育科学作为反映体育活动客观事实和规律的理论化、系统化的知识体系，其研究对象是体育运动的各种现实现象和运动过程，因此体育实践活动的领域和范围决定着体育科学理论的研究领域和范围，体育运动各种存在方式、结构组成、运动形式、演化进程、转化秩序决定体育科学的研究方法与手段。体育运动活动范围的拓展、活动形式方法的多样化为体育科学研究提供了丰富的研究素材，有利于人们发现新问题，开拓新领域，对学科研究重点、发展方向做出合乎实际的预测和判断，对体育学科的发展和演化进程做出切合实际与合乎规律的解释。体育运动实践的发展程度决定着体育科学理论的发展程度，因此保持体育科学学科体系自身的相对稳定和持续发展，不仅有利于缩小理论和实践之间的差距，促进体育科学的发展，而且能够反映各学科之间和体育运动实践间的各种关系，强化学科体系对体育科学研究活动、体育运动实践活动分类指导，突出理论联系实践，在学科发展方向、重点研究领域、研究选题等方面突出应用性，解决体育科学的学科发展、体育运动实践中的现实问题，提高人们对体育的认识能力，帮助人们更加规范地把握、描述和解释体育现实，提供解决体育现实问题的理论基础和科学方法，体现体育科学的应用性学科性质。随着社会对体育的需求进一步多样化，体育科学必将根据自身发展规律、体育实践发展需要，自我组织和调整重点学科发展和布局，加强重点领域学科建设，吸收和引进新兴学科。现代体育科学学科体系既丰富了体育学科理论，完善了学科体系结构，又使理论与实践相联系，突出科学理论在运动实践中的应用，对科学研究活动和体育运动实践活动有着普遍的指导意义。

（四）突出体育技术学科和体育交叉学科在体育科学学科体系中的地位

突出体育技术学科、体育交叉学科在体育科学学科体系中的地位，反映出体育科学发展的基本规律，以及体育科学研究活动和体育运动实践活动的基本特征，有利于体育技术学科、体育交叉学科的产生与发展。体育运动是一个技术性很强的领域，存在大量的体育技术科学化、体育科学技术化问题。在体育科学学科体系中突出体育技术学科、交叉学科以及工程学科等的地位，研究和解决体育运动实践领域的应用技术、工程技术的实际问题，反映人自身、人与自然、人与社会的能动关系和价值诉求，实现现代体育的科学－技术 － 生产（实践）一体化。体育运动要遵守运动项目规则和动作技术规范，遵循人体的解剖学、生理学规律，符合人的心理活动规律，受到文化传统、道德伦理、社会行为规范的约束。体育科学的研究需要吸取、借鉴和运用现代科学技术的先进研究成果，如研究方法的借鉴、移植；研究对象与领域的交叉、融合；概念、理论的相互借用和互补等，加强学科间横向联系以及多层次、多维度的跨学科综合研究，以形成新的学说和理论、技术和方法，来解决体育运动实践中的各种复杂问题。体育科学研究的深入和发展必然产生大量由运动技术科学化发展而成的体育技术学科以及体育学科与其他学科交叉形成的交叉学科。这突出了体育科学应用性的基本特征。

三、创设体育与人文相融合的策略路径

（一）完善课程体系

高校的体育教学应注重与时俱进和人文特色，无论是理论知识的学习还是实践活动的开展都应以学生的生活作为基础，在活动中潜移默化地影响学生，让学生意识到人文精神之所在。第一，高校的体育课程应完善体系和目标，不应规定好课程的标准；应根据学生的不同性格和能力，因人而异地去规划课程；课程内容应尽量保证多样化，摒弃传统的仅有田径、球类等体育项目的课程，适当加入健身操、瑜伽等体现心灵美与外在力量相统一的课程，从而实现身体素质与技能等方面的统一。第二，教学的内容要实现全面和深入，真正做到真、善、美，让学生不再把体育课当成一种负担。在进行体育活动时，教师可以适当地对该项目进行讲解，如瑜伽可以帮助学生塑形，让学生拥有健康且美丽的体态等，从而吸引学生进行体育项目的训练。

（二）创造良好的教学环境

体育教学的环境要具有人文性，创造良好的教学环境是提高学生人文素质的基础和核心。在课程的讲解中，教师要将人文精神贯穿体育教学始终；在传授技能的过程中，教师要提高学生对体育知识的认识，并尊重学生的个性，满足不同学生的需求，促使学生能够发挥自己的潜能；在体育教学中，由于体育教学与学生的日常生活紧密相连，教师应将生活与课堂相结合，让整个课程具有生活色彩；在室外的体育课程教学中，教师要保证学校的硬件设施符合学生锻炼的需要，促进学生积极参加体育活动，并为学生提供良好的环境，营造一种共同进步、轻松愉悦的氛围，充分调动起学生的能动性和创造力。

（三）转变学生的思想观念

观念是扎根在学生心中的，也是不容易改变的。要想让学生在体育课程中体会到人文精神，必须转变学生的思想观念。传统的体育教学以增强学生体质为主，随着时代的发展，如今的体育教学不仅仅是为了强身健体，更是为了愉悦学生的身心，让每名学生都能健康快乐地成长。在日常生活中，教师可以让学生观看自己喜欢的奥运项目，让学

生从比赛中受到鼓舞和激励，从而改变自身对体育的态度，把体育的人文精神发挥到极致。所以，高校的体育教学应树立"为素质教育服务"的宗旨和目标，拓展体育的活动界限，培养学生的身体素质和促进学生的心理健康，让学生的学习和生活相结合、知识与品行相融合，做全面发展的人。

四、创设体育与健康相融合的策略路径

（一）融合思路

健康和体育融合是为了更好地达到育人效果。一是树目标。高校要以习近平新时代中国特色社会主义思想为指导，坚持社会主义办学方向，以立德树人为根本，以社会主义核心价值观为引领，以服务学生全面发展、增强综合素质为目标，紧扣"健康第一"的教育理念，将其与体育的育人功能紧密联系，全面贯彻"体育为健康，健康促体育"的教育思路。二是合规律。高校要遵循学生身心发展规律和教育教学规律，面向全体，关注个体。三是重互补。健康教育内容与体育横向融合要在健康生活方式、安全应急与避险救护、心理健康等板块中重点体现。

（二）融合目标

深入贯彻落实《"健康中国 2030"规划纲要》和《健康中国行动（2019—2030年）》对学校健康教育提出的要求，高校要以提升健康素养和体育素养为宗旨，以实践健康技能为重点，以培养社会责任意识为愿景，完善学校健康与体育"健康知识＋健康态度＋健康技能"教学模式，深入推进学校健康教育与体育融合的教学、实践、教材建设等方面的改革发展，确保学生通过学习与实践，达到并保持最佳的健康状态，延续健康行为习惯，健康成长，对自己的健康负责，逐步形成与健康相关的正确的价值观念、必备的人格品质与自身发展的关键能力，为未来个人健康决策、职业发展提供必要的基础保障。

（三）融合路径

目前，日本、韩国、澳大利亚、新西兰以及英国的威尔士、加拿大的部分省、美国的部分州等地将体育与健康合并设科，在描述课程目标、内容、课时分配、学业水平评价时都明确体现健康与体育的融合思想。这对我国的高校体育教学管理改革与模式构建探索有一定的借鉴意义。

第一，课程名称强化体育服务于健康的思想。日本的相关体育课程被命名为"保健体育科"，澳大利亚的相关体育课程被命名为"健康与体育"，美国新泽西州的相关体育课程被命名为"综合健康与体育"。它们均将"健康"置于"体育"之前，传达出"以健康引领体育、体育为健康服务"的理念。

第二，课程目标锚定提升健康素养与体育素养。在任何国家，体育与健康课程的终极目标都是为了提升学生的健康素养和体育素养，使学生形成健康的生活方式，以预防和减少各种健康威胁。学生通过在学校习得、活用和探究相关的健康能力，形成个人健康的生活方式。美国新泽西州体育教学的课程目标是使所有学生都养成对家庭、学校和

社区能够产生积极影响的健康、富有成效的生活所必需的习惯，掌握成为具有健康素养和体育素养并追求健康生活的个体所必需的知识和技能。日本体育教学的教学目标是让学生深入理解健康生活和体育运动的关系，感受和实践紧密相连，将心和身作为一体，在一生中保持和增进身心健康，持续丰富体育生活的资质和能力。澳大利亚体育教学的课程目标是使学生能够保护、加强和倡导自己和他人一生的健康、福祉、安全和体育活动参与，参与并享受在运动中的学习，理解运动对个人、社会、文化、环境和健康实践的重要性等。

第三，教学内容将健康与体育糅合贯通。健康与体育主要有三种融合形式：一是主题融合，即围绕一个学习主题，将体育与健康相关内容多方面、多层次地进行跨学科整合。例如，美国新泽西州以"终身健美"主题为圆心，辐射到的知识点有终身健美的意义，久坐生活方式产生的危害，保持活跃身心可以减少疾病、伤害和疼痛等，强调终身健美并不注重竞赛或高水平的技能发展，而是注重自我评价、个人目标设定、社会参与、体育精神、运动享受和休闲健身活动。该主题高度融合生活方式、心理健康、疾病预防、运动习惯、伤害预防、体育精神、运动技能等核心概念，打破健康与体育学科各自的边界。二是内容融合，即将体育与健康都包含的内容，如培养体育锻炼习惯、了解体育锻炼的益处、不同运动项目对健康的影响、运动安全等关联性较强的内容合并同类项。例如，日本体育教学中"将体育运动纳入日常生活中的重要性"是体育与保健都包含的内容，分别存在于体育的"体育理论"和保健的"现代社会和健康"，可将二者从通过运动保持和增进健康、预防生活方式病的角度合并阐述相关主题。三是交叉融合，即在体育、健康教育中存在交叉点，但又在各自领域中存在不同的外延。如放松身体、运动与心理、预防伤害、预防疾病等内容。这类情况应找到二者的交叉点、结合点，利用好"体育"这一学习载体，传达健康知识、态度和技能。例如，日本游泳课中包含"事故防范"，它与保健课中"构建安全社会"的"应急处理"有交叉，因此将学习游泳技能和应急救护的动态实践与危险情境识别、救护知识等静态理论相结合，教授溺水事故中应采取的处理措施可同时提升两者的教育效果。第四，课程设计基于能力培养需要灵活运用健康与体育元素。基于能力培养的课程设计不再以"知识内容"为驱动，而是以"能力提升"为驱动。因此，不拘泥于"门户"之见，可以更灵活、更多元地运用跨学科领域中的各种元素，达到提升综合能力的目的。

第六章 高校体育教学管理概述

第一节 高校体育管理的内涵、原则和特点

一、高校体育管理的内涵

所谓高校体育管理，就是高校体育的管理者通过一定的方式整合资源，以实现高校体育目标的一种活动。我国学校体育的根本目标是增强学生体质、促进学生身心健康，培养学生的终身体育意识及能力，使其成为德智体美劳全面发展的社会主义接班人。高校体育目标可以划分出一定的层次。围绕高校体育总目标，根据各项体育工作的特点与要求，可以分解成下一个层次的目标，如体育教学目标、课外体育锻炼目标、课余运动训练目标、课余运动竞赛目标、科学研究目标等。此外，这些目标还可以分解成各具体目标。高校体育目标的结构及层次反映出高校体育的目标体系，即不同目标共同配合，以实现高校体育的总目标。而通过对高校体育各项工作的管理，可以逐步实现上述高校体育的不同目标。因此，高校体育管理的总任务就在于通过各种管理职能合理地整合资源，发挥资源的最大价值，以保证各项体育目标的实现。我国高校体育管理的具体任务包括以下几点：①明确学校体育工作开展的指导思想和学校体育发展目标；②建立健全学校体育的各级管理机构，制定一整套管理法规，明确各有关管理机构和人员的管理职责；③科学制定学校体育管理的各种文件，使之适应学校体育发展的需求；④合理组织

学校体育各方面、各环节的活动，确保各项活动低耗、高效开展；⑤协调学校体育各管理部门和学校体育内、外部的各种关系，为学校体育工作的顺利开展提供必要的物质技术基础以及创造良好的育人环境；⑥定期对学校体育管理工作进行检查评估，促进体育教学质量的不断提高和学生体质的不断增强。

二、高校体育管理的原则

高校体育管理必须依据国家各时期教育改革和发展规划，有关部门对学校体育工作的要求，以及学校工作规划，对学校体育工作实行系统管理。高校体育管理的原则主要包括整体性原则、导向性原则和可控性原则。

（一）整体性原则

高校体育管理是学校教育管理的一个组成部分，它要为实现学校管理目标服务，培养学生成为德智体美劳全面发展的社会主义接班人。高校体育管理者应在这一目标的基础上开展各项工作，既要防止片面夸大体育在学校教育中的作用，又要充分发挥体育在增强学生体质、培养学生意志品质等方面的作用，还要从整体上协调好学校体育工作的各方面关系，正确处理体育教学、课余体育训练、体育锻炼及运动竞赛之间相互联系、相互制约的关系，要充分发挥它们各自的作用，根据各个时期学校的任务有所侧重地突出重点，使之能始终围绕完成学校教育目标开展工作。

（二）导向性原则

高校体育管理的目标在于完成国家赋予高校"育人"的重要任务。高校应结合各个时期的工作重点，提出不同阶段的工作目标。因此，作为子系统的高校体育管理系统，必须依据各级政府及有关部门所制定的阶段发展规划，结合每一时期（阶段）本地区高校体育发展水平，制定出相应的措施及办法。

（三）可控性原则

可控性原则就是指在实施计划的过程中，通过不断检查、评估和控制，保证整个系统顺利开展工作。高校体育管理的控制主要通过检查、评估执行，通过检查、评估发现哪些工作得到贯彻落实，哪些工作在执行中出现问题，哪些方面需要修改。评估结果及意见反馈到决策部门后，要对出现的问题加以修正，使原定目标更能切合实际。例如，在体育教学中，教师按预定的计划组织学生练习，在练习过程中，教师对学生的练习作初步评价，根据学生掌握的情况及时调整教学方法，以便能更好地完成预定的教学目标。

三、高校体育管理的特点

（一）教育性

高校体育具有教育的重要功能，因此，要充分调动教师、学生及各级各类管理干部的积极性，这是提高管理效益的重要环节。在制定与执行各种体育管理法规的同时，思想教育要始终贯穿高校体育管理的全过程，特别是对学生的管理工作，更应将"育人"放在首位。

（二）方向性

方向性是指高校体育管理必须贯彻党的教育方针，为实现学校教育的总目标服务。因此，高校体育各个层次的工作人员要摆正体育在学校教育中的位置，正确处理体育与其他教育活动之间的关系，通力合作，以实现整合效应。

（三）阶段性

首先，不同年龄阶段的学生具有不同的特点。其次，学校工作是按学期或学年来安排的，上、下两学期的体育教学内容应具有一定的差异性，从而使每学期的工作保持一定的独立性。因此，不同的学期、不同年龄段的学生管理，应体现出阶段性的特点并在管理方式上有所区别。

（四）系统性

高校体育是一个动态的、复杂的、多变的系统，在运行中出现的各种问题如不及时解决，就会干扰高校体育工作的健康发展。要使该系统协调运转，就必须不断提高高校体育的管理效能。为此，需要建立一个强有力的整合系统，完善各种制度及控制手段，不断获得各种管理信息并及时反馈，以维持高校体育管理系统的动态、良性发展。

第二节　高校体育管理的机制

高校体育管理机制的建立是规范高校体育管理机构日常工作、提高高校体育组织管理人员工作积极性的重要前提和基础。相对完善的高校体育管理机制主要包括保障机制、激励机制与风险处理机制，下面具体对这三种机制进行分析。

一、保障机制

（一）保障机制建立的必要性

随着社会的发展，科学技术水平越来越高，出现了大量高科技体育器材，这些高科技体育器材不仅被广泛应用于运动员的运动训练和比赛中，也被引进到高校体育教学中，对高校体育教学质量的提高具有重要作用。另外，这些高科技体育器材还能为教学主体参与教学活动提供一定的安全保障。据调查，目前我国部分学校存在经费短缺的问题，在这样的情况下，学校就无法购买高科技体育器材，这在一定程度上影响了学校体育的发展。另外，我国部分学校还存在资金分配不均的问题。受升学及就业压力的影响，大部分的资金运用到文化课教学方面，体育教学获得的资金投入非常少，这就难以满足学生的体育学习需求。综上所述，建立科学合理的保障机制对学校体育的发展而言具有重要意义，这一方面应该引起我国政府部门及学校领导人的高度重视。

（二）保障机制的具体内容

建立高校体育管理的保障机制是十分必要的。通常来说，主要包括以下两个方面的内容：一方面，政府部门要结合实际建立完善的法律保障体系，借助法律手段解决教育投入缺乏保障的问题；另一方面，在全面分析学校实际的基础上，采取院系两级或一级管理的财务预算管理方式，满足一线教学的需要。就体育教学而言，一定要保障学生的训练经费，只有如此，体育教学活动才能顺利进行。

二、激励机制

（一）激励的依据

大量实践表明，激励机制的建立对教学质量的提高具有重要作用。激励可以说是一种能够激发教学主体参与活动积极性的方式，通过这一方式的利用能够收到良好的体育教学效益。一般情况下，激励机制的建立需要考虑三个方面，即教师、学生和管理者。在建立激励机制前，管理人员要事先做好调查，充分了解教学主体的特点及个性，然后采取有针对性的措施与手段充分调动教师、学生和管理者的积极性，激发他们的热情，这样才能促进教学质量的提高。教师、学生与管理者是激励机制中的重要构成要素。其中，教师是激励的主体，是激励活动的组织者与发起者，学生是被激励的对象，即激励客体。但从整体上来看，教学、学生、管理者三者都充当着激励主体和激励客体，三者之间的联系非常密切。

（二）激励的方式

一般来说，激励的方式主要有物质激励与精神激励两种，这两种激励方式在体育教学活动中都得到充分利用。

1. 物质激励

物质激励是高校体育管理中最为常见的一种激励方式，奖金、奖品、职称晋升以及工资提高等都属于物质激励。对体育教师而言，他们最为关注的物质激励一般是职称晋升，因为这会直接影响他们的收入以及未来的发展。基于此，学校相关部门就要充分运用职称评定这一激励方式激励体育教师成长。很长一段时间以来，教师的职称晋升主要以发表论文、著作的实际数量为依据，这一评价标准具有一定的片面性。那些具有丰富教学经验、教学水平高的教师可能会因为发表论文、著作的数量不够而不能获得职称晋升，从而极大地打击了他们的教学积极性，而一些教学经验不足、教学水平不高的教师却能通过这一途径获得晋升的机会。因此，这种评价方式是不合理的。

2. 精神激励

一般来说，精神激励主要是借助授予体育教师某种荣誉称号来提高体育教师工作的积极性。在体育教学评价活动中，对体育教师的积极评价能让体育教师感受到自己存在的意义和价值，能帮助他们提升教学的自信心。精神激励这一方式较为简单，不需要什么成本，但如果能运用得当，往往会获得更好的效果。由此可见，这一激励方式也是值得提倡的。

（三）激励的注意事项

物质激励与精神激励这两种激励方式都不是万能的，都有一定的优缺点。因此，在具体的操作过程中，可以将这两种激励方式结合起来使用，这样有利于获得理想的激励效果。但无论采取哪一种激励方式，都需要注意以下几点：

1. 激励方式要公平、透明

无论采取哪一种激励方式，都应遵循公平、透明的基本原则，否则就失去了激励的意义，反而会适得其反，导致个体或群体对组织机构不信任，严重打击体育教师及工作人员的积极性。因此，高校要制定公平、合理的激励制度，接受全体人员的监督，规范教学主体的各种行为，激发大家相互竞争的意识，从而促进教学质量的提高。

2. 不同激励方式的结合使用

奖金属于物质激励的一种重要方式，这一激励方式得到了广泛应用，但这一激励方式并不是万能的。人与动物的区别在于人不仅要满足自身物质层面的需要，还要满足精神层面的需要。因此，只有物质方面的激励是远远不够的，还需要建立一套以人为本的激励机制，运用精神激励的方式提升教师教学的自信心。在具体的实践中，需要将物质激励与精神激励结合起来使用。一般来说，以精神激励为主、以物质激励为辅，两种激励方式综合使用，往往能获得理想的激励效果。

3. 激励与日常考核的结合使用

良好的激励机制对教学主体的教学活动能起到积极的促进作用，但需要注意的是，单纯依靠激励机制是比较单一的管理手段，还需要结合日常考核指标。只有如此，才能促使激励机制激发的内在动力和考核指标产生的外在约束发展成合力，从而充分激发教学主体的内在潜能，促进教学质量的提升。

（四）激励机制的作用

激励机制的作用主要体现在以下几个方面：第一，能促使教学主体积极主动地参加各种社会实践活动，提升自身的综合素质；第二，能帮助学生正确认识自己，树立学习的自信心，为了实现学习目标而不断努力；第三，能有效提升体育工作人员的管理水平，促进其综合素质的提升。

三、风险处理机制

（一）建立风险处理机制的意义

体育是一门以身体运动为主的学科，绝大部分的教学内容以身体运动为主，与一般的文化课有着明显区别。既然涉及身体方面的运动，就必然存在一定的风险，因此，加强学生运动中的安全管理是尤为必要的。为杜绝风险，保证学生的人身安全，就需要建立风险处理机制。大量的实践表明，建立风险处理机制具有重要意义。在这一机制下，体育活动能够在安全的基础上进行，学生的人身安全能够得到充分的保障。学校相关部门要对各类体育活动的风险性作出合理判断，尽可能降低体育运动的风险。万一发生风险，也能及时采取有针对性的手段将风险的负面影响降至最低。这不仅对体育活动的顺利进行具有重要意义，而且对保证学生的人身安全具有重要意义。

（二）风险主体的构成

一般来说，体育活动中风险主体主要包括两个部分：一部分是客观事物构成的安全风险；另一部分是人为因素构成的安全风险。不同的安全风险有不同的处理办法。客观事物构成的安全风险主要是指在体育活动中，因周边环境问题而导致的各种安全风险。这种风险是可以得到很好控制的。体育教师可以带领学生在上课前检查教学场地是否存在障碍物等，通过这些检查工作及时排除风险。人为因素构成的安全风险主要有准备活动不足、身体状况欠佳、技术动作不规范等，这些都有可能导致出现一定的安全风险。例如，上体操课时，学生的倒立动作不规范，没有掌握正确的技术要领而致使颈部着地，导致颈部受伤。这一风险也可以在一定程度上得到避免，前提是学生要在体育教师的指导下安全地参加体育活动。

第三节　高校体育管理的主要方法

一、法律管理方法

（一）法律管理方法的概念

以法律规范、具有法律规范性质的体育法规为管理手段对体育教学组织的内外关系进行调节的管理方法就是法律管理方法。

（二）法律管理方法对高校体育管理的作用

1. 规定和调节各种管理关系

法律是依据一定规范对各种利益关系进行有效调节的依据，尤其是在调节不同行政管理系统、不同管理层次的关系等方面，法律管理方法更具有特殊的制约作用，可以有效地消除互相推诿的不良现象，从而促进高校体育管理工作的顺利开展。

2. 维护正常的管理秩序

维护正常的管理秩序是法律管理方法对高校体育管理发挥作用的重要体现。正常的管理秩序有助于提高体育管理系统的有效性，顺利实现体育管理目标。而体育管理效果提高的关键又在于人、财、物、信息等的合理流通。通过法律规范调节各种关系，建立正常的管理秩序，能使整个体育管理系统按照法律规范有效地运转，从而形成一个良好的运行机制。

二、宣传教育方法

（一）宣传教育方法的概念

在我国高校体育管理实践中，宣传教育方法是较为传统的一种管理方法。具体来说，说服、教育被管理者，使其按照管理者的意志自觉采取行动的管理方法就是宣传教育方法。

（二）高校体育管理中使用宣传教育方法的策略

1. 争取领导的支持

在高校开展宣传教育工作，应该先争取领导的支持，要经常将宣传教育的成果汇报给领导，同时，加强与学校有关部门的沟通，将自己的看法和意见及时提出来。只有得到领导的支持，才能取得良好的宣传教育效果。

2. 科学调整宣传教育方案

将宣传教育工作纳入日常体育教学工作计划中，明确负责宣传教育的人员及其职责，下拨一定的宣传教育经费，使宣传教育工作能够顺利开展，同时注意及时收集反馈信息，科学调整宣传教育方案。3.宣传形式多样化要面向全校师生开展宣传教育工作，采取多样化的形式进行宣传，确保宣传教育内容的丰富性，如果内容单一，则很难吸引宣传对象的兴趣，也难以取得良好的宣传教育效果。

三、经济管理方法

（一）经济管理方法的概念

经济管理方法指的是以客观经济规律为依据，充分运用各种经济手段（如税收、价格、工资、奖金、罚款等），对各种不同的经济利益主体之间的关系进行调节，以实现经济效益与社会效益的一种管理方法。

（二）经济管理方法的作用

1. 有利于促进经济效益的提高

采用经济方法进行管理，实际上就是以物质利益为中心，通过各种经济手段对国家、集体、个人之间的经济利益关系进行协调，充分调动各管理主体的主动性、积极性。经济管理方法的运用能够激发体育教师的责任心，鼓励体育教师在工作过程中努力提高教学效果。在此基础上，不仅体育教师的经济需求能够得到满足，也有利于提升学校的整体效益。

2. 有利于促进管理职能的进一步强化

管理人员运用经济方法可以约束被管理者。经济管理方法将被管理者的经济利益与需承担的职责结合起来，并以二者之间关系的协调情况为依据进行管理。采用经济管理方法能够使管理者的职能得到进一步的强化。

3. 有利于对管理效果进行检验

运用经济方法进行管理之后，各项经济指标能够反映出管理效果，这也是经济管理方法客观性的体现。采取经济管理方法有利于对管理效果进行客观的评价和检验，这能够促进被管理者工作积极性的提高。

（三）经济方法在高校体育管理中的运用

1. 综合使用经济方法和教育方法

体育教师不仅有物质上的需要，在精神方面也有一定的需要。随着生产力的不断发展，物质激励手段的刺激作用将慢慢弱化，体育教师需要接受相关教育，以促进自身思想素质的提升与知识水平的提高。此外，一味采用经济管理方法还会导致个人主义思想的产生。因此，在高校体育管理中，加强经济管理方法与教育方法的结合很有必要。

2. 在发挥各经济杠杆作用的同时加强整体协调配合

经济管理方法有很多，不同的方法具有不同的作用，如果管理者单纯采用其中一种方法，就无法取得良好的管理效果，而只有加强综合运用，才会使管理成果更加显著。

第四节　高校体育管理改革与创新的策略

一、制定教学管理制度

高校体育管理要重视对日常体育教学相关制度的研究，调动管理人员的积极性和能动性，维持正常的教学秩序，使体育教学更加科学化、规范化和现代化。目前，加强体育教学工作的科学化管理，就必须引进和运用现代化的管理方法与手段，使体育教学过程更加规范，有效提高体育教学工作的质量和水平。

二、加强师资力量建设

学校相关部门要格外重视体育教师队伍的建设。优秀的体育教师应该具备身心健康、人格健全、专业知识丰富、富于创新精神等特点。学校主管部门可以有针对性地组织教师进行专业技能的学习，切实提高体育教师各方面的能力。此外，学校应进一步优化体育教师队伍的结构，使不同性别、年龄、学历以及有不同教学和训练经验的教师相互学习、共同进步。

三、提高体育管理人员的素质

高校体育管理人员是从事高校体育管理工作的主体，因此，提高体育管理人员的素质对完善高校体育管理具有重要作用。具体来说，要想促进体育管理人员专业素质和管理素质的提高，应该特别重视对体育管理人员的培训工作，使体育管理人员了解现代体育管理知识、掌握现代体育管理方法，以使其所具备的素质满足新时期、新形势下高校体育管理工作的需要。

四、设计现代体育教学管理系统

随着计算机技术的不断普及，其在各个行业都得到了一定程度的运用并取得了良好的效果。近些年，我国在体育教学领域也引入了计算机技术，随着学生数量的不断增加，体育教学管理任务越来越重、管理工作越来越复杂，这就需要通过一个可靠、高效、稳定的计算机信息处理平台对其进行系统化的管理，以提高体育教学管理的效率。

（一）数据库设计

1. 数据库设计原则

在系统设置与开发中，数据库设计是一个非常重要的环节。系统需求分析结果是数据库设计的主要出发点，在这一基础上，还应该遵循各种设计原则，如完整性原则、规范化原则、一致性原则、安全性原则、可维护性原则，从而使设计出来的数据库能够全面支持后期的开发工作。

2. 数据信息设计

在对系统的数据信息进行设计时，要注意严格按照规范化要求来设计。遵循规范化要求有利于实现数据信息的一致性，能够为日常操作提供方便，这样程序员的负担就减轻了，客户端和服务器之间的传输也更加通畅。然而，这也会带来一些不良影响，如会大量增加各个表格的关联性，这就需要大量的内存空间才能使系统正常运行，如果内存空间不足，就会严重降低系统的运行速度。因此，一定要做到规范化，避免严重偏差的出现，否则会影响系统的实用性。为了达到规范化要求，可采用以下几种方法：①增加标识列。用主键字段对每条数据的唯一性进行定义，在其他数据表中使用这些数据，从而促进搜索性能的提高。②增加冗余。在信息层中适量增加冗余（按照规范化要求），这样能够使信息数量满足规范化要求。③分割大表。对大表进行合理分割，分成几个小表，这样能够促进系统性能的提高。

（二）系统模块功能设计

体育教学资源管理、体育教学运行、体育教学质量与评价管理是体育教学管理系统的三大模块。

1. 体育教学资源管理模块

提供教学课件，支持相关文件的下载、上传等是体育教学资源管理模块的主要功能。由于不同类型的课件有不同的格式，因此系统没有严格规定课件的格式，对现有的各种格式的文件基本上都是支持的。从现有的体育教学管理系统来看，保存与管理教学资料的主要形式就是文件。下面对文件的上传、下载与维护进行分析。

（1）上传

体育教师可以在服务器上上传本地的上课资料，这样体育课堂教学内容就更加丰富了。有些课件包含的文件比较多，因而容量很大，这就需要先压缩再上传，这样可以缓解服务器的压力，提高传输效率。

（2）维护

维护就是对已上传的文件进行维护并根据需要删改文件，以避免系统承受过大的压力。修改文件指的是用新的文件替换已有的文件。如果体育教师上传的文件与服务器上的某一文件同名，那么原有文件就会被新文件覆盖。体育教师也可以自己将已有文件删除。体育教师在进行维护操作时，有自己的权限，要严格按照权限来操作。

（3）下载

文件的查询与下载功能主要是面向学生的。学生登录系统后，可以浏览、查询与下载相关课程的课件。在查询过程中，学生需要输入个人信息。

2. 体育教学运行模块

体育教学运行模块的主要功能是为学生提供姓名、学号、院系及专业等的查询；选择专项课的内容、教师、时间等的查询；学生进行教学评教的时间、内容等的查询；体育考试成绩公布、补考成绩公布等的查询等。在这个模块中，需建立有关学生信息的汇总报表，以便为体育教学日常管理提供方便。

3. 体育教学质量与评价管理模块

提供有关教学质量与评价的数据信息查询是体育教学质量与评价管理模块的主要功能，如评教时间、评教内容的查询；成绩不合格学生信息的查询等。

（三）安全设计

在设计体育教学管理系统时，需要采用多种安全防范措施，才能避免各类安全问题的发生，提高系统的安全性。例如，为了避免线路出现安全问题，提高网络的安全性，我们可以采取对入侵检测的网络访问进行控制的措施，这样能够有效防止黑客入侵。另外，要想了解可能发生的网络入侵行为，需要对日常的网络拦截资料进行分析，同时进行入侵检测扫描，这样能够明确是否发生了入侵行为且能够有效制止入侵行为。

第七章 高校体育教学管理的基本内容

第一节 高校体育教学管理的现状及对策研究

体育教学管理是当前高校教学管理体系中的一个重要部分，其管理效果会对高校体育教学质量产生极大影响，同时也对培养学生社会适应能力及责任感有着重要作用。大部分高校虽然意识到教学管理工作的重要性，但是没有认识到体育教学管理在院校内部管理中的重要性，同时也没有厘清体育教学管理与高校人才培养体系之间的关系。这导致当前高校体育教学管理中存在很多弊端与不足，进而影响高校体育教学的整体成效。胡胜等人在《戴明循环在体育教学管理中的应用》中对体育教学管理的概念进行了简要界定。他认为，体育教学管理是在满足高校人才培养需求的基础上，完成体育教学活动计划的制定与实施，并要对教学计划实施的这一过程进行全面控制，以确保在体育教学中学生可以掌握更多的知识、技能以及技术，从而使体育教学活动可以充分发挥其教育功能。《体育管理学教程》一书也对体育教学管理的概念进行界定，认为体育教学管理是一套适用于体育教学的管理理论与管理方法，而且该套理论与方法在本质上是较为成熟的。体育教学管理工作在开展的过程中要紧紧围绕体育教学实践，结合体育教学目标、教学特点以及体育教学内在发展规律，利用该套理论与方法对体育教学实践中的各个环节进行有效的管理与监督。陈筠等人认为，体育教学管理工作是在开展的过程中根据体育教学工作内在规律、特点以及自身属性，按照体育教学工作的既定目标来制定教学计划，并对体育教学工作进行组织、控制以及监督的一个过程。因此，体育教学管理工作是当前高校体育教学工作中的重点。高校在开展该项工作的过程中要将教学质量管理作为核心内容，确保体育教学工作质量可以适应当前人才培养体系要求。总结与归纳上述多种含义，体育教学管理应定义为"以高校体育教学自身规律为基础，以学生实际情况为主要出发点，通过运用高校内部的行政机关、学院以及教师等一切校内力量，通过对体育教学实践的计划、实施、协调以及管理，确保高校体育教学目标的顺利实现的过程"。

一、高校体育教学管理现状分析

整理与总结相关文献资料，用文献资料法、实地考察法以及专家访谈法对高校教学管理进行的大量研究表明，当前高校体育教学管理存在以下问题：

（一）体育教学管理组织机构设置不合理

现阶段，很多高校在体育教学管理中都存在组织机构设置单一，教学管理权限在实际操作中过于集中，体育教学管理工作在开展的过程中缺乏灵活性等问题。这不仅在很大程度上影响体育教学管理工作的成效，也在很大程度上影响体育教学的功能性。体育教学与其他学科教学存在较大的差异性，这是因为体育教学作为一项灵活性极强的教学实践活动，教师一般会根据天气状况、学生具体情况来对教学活动进行安排。当前，一些高校只安排一两个人全权负责体育教学管理工作，这也是当前体育教学管理工作无法满足高校教育发展要求的根本原因。

（二）体育教学管理制度执行力度较弱

在调查研究中发现，虽然很多高校均制定了体育教学管理制度，但是这些制度严重缺乏规范性，只有很少几所高校的体育教学管理制度相对较为完善，并下发了一系列教学管理文件用于教学管理工作；大部分高校体育教学管理制度不够完善，导致体育教学管理工作的相关规章制度不健全，甚至很多教师在体育教学的过程中都没有遵循相关规定。所以，体育教学管理制度的执行力度普遍较弱也是当前高校体育教学管理工作质量普遍偏低的主要因素。

（三）体育课程设置管理无法满足学生需求

高校教育的教学目标是促进学生就业，为我国社会各行业培养出更多的专业型应用技术人才。高校体育教学管理的根本目的在于提高体育教学质量，同时也强调体育教师要基于学生的职业需求，在促进学生综合素质全面发展的基础上，大力发展学生的身体活动和适应能力，让高校体育教学可以进一步提高人才的培养质量。现阶段，大部分高校体育课程设置主要是以学生体质达标为核心目标，并没有充分考虑高校学生职业发展的需求，所以在内容设置上过于简单、项目过于单一，在体育评价方法设计上也严重缺乏多样性，没有将高校教育的自身特点及规律融入其中。

（四）体育教学计划管理规范性有待提高

高校体育教学管理的不规范不仅体现在主体单一，也体现在体育教学管理容易受到过多的行政干涉，制定体育教学计划的程序缺乏规范性，这在很大程度上影响了体育教学计划管理工作的效用。体育教学计划是对体育教学的教学内容进行组织与安排，要求高校内部多个部门积极参与其中，这对提高高校体育教学计划编制的科学性、合理性有着很大作用。但是当前很大一部分高校没有达到这一标准，只依靠固定的几个人员来编制体育教学计划及教学管理计划，这导致高校体育教学计划及管理计划没有紧紧把握住教学核心目标。

二、高校体育教学管理发展对策

（一）加强体育教学组织机构的建设

体育教学管理工作在开展的过程中必须紧紧围绕体育教学活动的自身规律，利用教育行政机关、学院以及教师等一切校内外力量，确保体育教学各个环节的计划、实施、协调以及管理顺利进行，确保高校体育教学活动可以达到既定的教学管理目标。高校体育教学管理工作在开展的过程中必须体现出高校的特点，不仅要进一步加强渗透性管理信息在管理中的反馈效率，同时也要将最新的教学管理理念、管理理论与管理方法应用到实践中，并在此基础上建立配套的体育教学管理机制。这样才能进一步提高体育教学质量，确保高校学生的整体素质，满足其职业生涯发展的需求。

（二）合理制定体育教学管理制度

很大一部分高校在制度建设上过于薄弱。鉴于教学档案管理工作对体育教学管理的重要意义，高校要予以该项管理工作足够的重视，不仅要将各类体育教学管理信息及时地储存和传递，还要进一步提高各类体育教学管理信息的流通及利用效率。加强体育教学档案管理工作不仅可以促进相关制度的进一步健全，同时也有助于体育教师教学经验的累积。例如，在高校体育课程设置过程中，教师可以参考以往的教案，加深对教材内容的了解与认识。这样可以使编制教学计划的水平得到很大提升，对提高高校体育教学活动的整体质量有着重要作用。此外，管理人员利用计算机网络、报纸、期刊等媒介掌握更多的体育教学资料，并将这些资料通过整合与提炼后应用到体育教学管理工作中，可以帮助教师进一步拓宽学生的视野及知识面。

（三）基于专业特点合理设置特色的体育课程

课程设置是教育体系中的核心内容。体育课程设置的合理性会对体育教学质量管理工作产生极大影响，所以高校要将其作为体育教育改革中的核心内容。紧紧围绕每一个学生未来职业身体素质要求来对特色体育课程进行规划，这样不仅可以促进高校各类课程体系、教学资源的进一步整合，还能使学生在提高体育素养、体育技能以及体育技术的同时，进一步提高校业体能与职业综合素质等。高校特色体育课程设置是未来高校体育发展中的一个必然趋势，因此高校要在新形势下对体育教学进行重新定位，并对教学目标、内容、方法以及评价机制进行重构，使其可以满足当前高校教育人才培养体系实际需求。

（四）加强体育教学计划的管理力度

首先，高校体育教学计划管理力度会对教学实践的整体质量产生极大影响，所以高校要通过调动学生的积极性来确保体育教学计划的顺利实施。这也需要高校要为体育教学管理工作营造一个良好的信息环境，确保体育教学管理工作的正常效用。其次，由于当前高校普遍存在体育教育管理者权责不明确的现象，因此高校应对体育教育管理群体结构进行优化。最后，高校要进一步平衡体育学术能力与行政权力之间的关系，禁止体育教学管理受到过多行政因素的干扰，确定学术组织在高校体育教学管理工作中的主体地位。体育教学在高校人才培养体系中担负着促进学生素质全面发展的重任，所以高校要通过教学管理工作来进一步提高体育教学质量，满足当前高校教育人才培养体系提出的新要求。高校要对自身在体育教学管理中存在的问题进行分析，通过制定合理的解决对策来确保体育教学管理的正常效用，使其更好地促进高校健康、稳定发展。

第二节　高校体育教学管理的内容与重点

一、高校体育教学管理的内容

高校的工作是以教学工作为中心的，体育教学管理是取得良好体育教学质量的保证。要通过系（部）的组织机构，教学资源（主要包括教师、经费、体育设施与器材、场地等）的计划、组织、指挥、协调和控制等活动进行有效的整合，实现体育教学目标。体育教学管理可分为院级管理、系（部）级管理、各教研室管理、教师自我管理和体育教学中的风险管理等。

（一）院级管理

院级管理指的是高校的高层管理者、分管教学的领导在学院总的指导方针下给下一级体育教学管理部门一定的自主权。

（二）系（部）级管理

系（部）级管理指的是学校的中层管理者，同时又是系（部）的高层决策者应根据学校的要求和系（部）的具体情况，以学生全面发展为理念、以社会需求为基础、以教学条件为起点、以培养合格体育师资为目标，提出和制定系（部）发展的长远规划和短期计划，通过制定措施和要求，引导全系（部）教职工努力提高系（部）的教学质量，培养学生的从师技能和社会适应能力，把握和调控系（部）朝着健康的发展方向稳步前进。它的主要任务包括以下几个方面：

1. 以教学为中心，制定系（部）发展规划与教学工作计划

制定计划是体育教学管理的第一步，根据学院的发展规划和系（部）的具体情况，制定系（部）长远规划和发展前景，并体现出战略性和指导性；根据长远规划制定近期奋斗目标和措施，并监督落实，保证各项任务的执行和落实，推动系（部）稳步向前发展。重视对学生综合素质和能力的培养，坚持"以人为本、健康心身、持续发展、终身受益"的体育教学新思想。

2. 协同各教研室主任制定和修改完善教学计划

协同各教研室主任制定和修改完善教学计划、教学大纲，使体育教学能按章有序进行；制定保证教学活动有序进行的各项规章制度，确保体育教学质量和教学效果；制定年度和学期工作计划，并带领全系（部）教职工逐一落实。

3. 各部门的协调配合完成教学计划

体育教学有其特殊的一面，要涉及教室、场地、器材和相关设备。任何一项体育教学工作的进行都需要各部门的协调配合才能得以顺利完成，所以，系（部）级管理者要以身作则，深入实际，发挥引导、监督、协调、整合的作用，保证各项教学任务高效、高质量地完成。

（三）教研室管理

教研室是学科教师集体进行教学研究、教学实验、教学改革的基本组织，不仅是学院教学的基本教学单元，也是各教学系（部）的基本教学管理层，其健全程度和工作水平的高低直接关系（部）到教学、教改任务是否能顺利完成，关系到整个系（部）教学质量的高低。充分发挥教研室的职能是提高教学管理效果重要的一环。主要任务包括以下几个方面：

1. 制定和实施全院体育教学计划

在课堂上，教师一定要着重发展学生个性，培养学生的兴趣，开设各种内容的选修课。但是也要注意，不能把选修课开成侧重课或指令性选修课。有的高校把学时制和学分制结合起来，从早到晚立体式排课，课内外一体化发展，真正体现学生学有所爱，教师教有所长，各得其所，因材施教。

2. 严格考核制度

考核是检查和衡量教学质量的重要手段。学生学籍管理办法明确规定，体育课在重修期限补考不及格者，不准毕业，作结业处理。根据这个规定，学院要严格考核，加强管理，制定出考核标准，考核办法，评分标准及统考、复测、补考等有关制度和条例；要根据体育教学特点，利用课内外结合、理论与实践结合、运动技术和身体素质结合的精神，使体育考核作为促进学生身体发展的有力措施。

3. 加强体育教学检查、建立体育教学常规

教学检查和严格教学常规是教学管理中的重要环节。不少地区和学院均已对教学检

查和严格教学常规制定出具体管理条例，主要内容如下：①听课制度。有检查性听课、公开课、示范课、教法研究课、观察课等，提出对评估一堂课的基本要求和标准，制定出听课、评估纪录，以达到相互学习、交流、提高的目的。②建立体育教学常规。教学常规的建立是提高体育教学管理水平的一项重要措施，其内容包括课前准备，上、下课的队列、队形规定，考勤制度，课堂纪律，师生服饰和场地器材规格要求等。这些常规的制定对体育教学管理和教书育人均起着良好的作用。

4. 教学质量的反馈

教学质量反馈的目的在于掌握教学情况，总结经验，吸取教训，改进教学效果，督促和鼓励教师努力完成教学任务，提高教学质量等，其方法主要有以下几种：第一，课堂教学质量测评采用分散或集中听课的形式，课后及时组织教学活动，给予定性、定量的评价。第二，教学教案检查采用常规检查与不定期检查结合的方法，在每学期的期中和期末各检查一次。检查的方法如下：一是教研室检查，把握整个教案质量；二是教研室内同行检查，把握备课设计的质量与水平。第三，教学日志检查。教学日志是学生对任课教师课堂教学情况的简要评价。教研室每一到两周查看一次教学日志，了解学生对教师教学的评价，以便教研室指导工作，改进提高教学质量。第四，教研室组织学生对教学工作量、教学质量进行评价。学生是教师的直接对象，与教师有密切的接触，对每个教学环节有深切的感受。为了较广泛地了解学生对任课教师教学工作的意见，积极有效地帮助教师改进工作，为评估教学质量提供参考，可以采取以下两种方法采集学生对教师教学工作的意见：一是根据自己教学体会，制定、印发教师教学质量测评表，请学生本着积极认真的态度填写；二是采用语言评价，如举办各班学生代表座谈会，使学生能够更直接、更有效地进行评价。

（四）教师自我管理

在体育教学过程中，教师是最积极、最活跃的成分之一，是教学质量的保证和实现提高教学效果的关键。教学内容的传授、教学方法的使用、课堂教学的组织等，都要通过教师的语言和行动来实现。所以，教师除了接受院级、系（部）级管理和教研室管理，还应加强自我管理，不断提高自身教学素养，做合格的人民教师，保证教学任务的完成和教改的实施。教师主要应在以下几个方面努力：

1. 体育课前准备

在课前，教师要认真备课、备教材、备学生、备场地，认真研究教材，多方参阅各种资料，力求深入理解教材，准确把握难点、重点。在制定教学目的时，教师应注意学生的实际情况，认真编写教案，并不断归纳总结经验教训。

2. 体育课中的管理

课中管理是体育教学管理中一个重要的方面。体育教师既是组织教育者，又是组织管理者。教师对体育课管理水平的高低决定教学任务完成的质量，课中管理的好坏决定课堂的成败。因此，体育教师在课中管理中必须掌握以下三个原则：

（1）分散集中原则

就全体学生而言，体育课是一个整体。但在整堂体育课中有分散就有集中，所以分散集中是体育课不同于其他课的特点之一。分散集中可能会给体育课堂管理带来一定的困难。因此，教师要抓住时机，对学生进行严格的管理。

（2）区别对待原则

区别对待是指区别教学对象的各种不同因素，如年龄、体质、体育基础、心理状况等。由于教学对象不同，体育教师在课堂管理中必须考虑个体的能力差异。

（3）激励信任原则

在体育课中调动学生积极性的因素有很多，从管理的角度来看，激励、信任学生是最有效的办法之一。让学生充当裁判员、指挥等，可以使学生产生自豪感，能培养其组织能力；在组织方法上，适当采用游戏和比赛的方法，活跃课堂气氛，给学生以信心和动力。总之，教师给学生的信任越多，管理的效果就越好。

3. 体育课后的管理

体育课后，教师要进行全面的分析，总结教学工作的经验教训，不断改进教学方法，提高教学质量。在每个学期结束前，各体育教师应向教研室提交本学期工作总结。

4. 其他方面

积极参加教研室活动。教研室是教师活动的乐园，有很多的教育、教学、教改、新教学手段等信息都是通过教研室活动获得的。因此，教研室活动可以增知识、建友谊、强感情，取长补短，促进教师的成长与发展。

（五）体育教学中的风险管理

体育教学与其他学科的教学的性质存在不同，通常有运动伤害事件的发生，因此风险管理也是必不可少的。

1. 体育教学中的风险因素

体育教学中的风险因素：①人员的疏忽。②场地设施器材设计和维护的疏忽。③医疗器材及医疗能力的不足。④未能建立一套有效的风险管理计划或紧急事件处理标准程序。

2. 如何避免风险的发生

（1）将风险管理列入体育专业课程中

学院或体育教师可以通过对风险的确认、衡量，希望以最小的投入成本，达到伤害最小的地步。因此，学校可以把对风险管理的认知内容与课程列入体育教师专业学习的一部分，以达到维护到学院的安全，防范意外与运动伤害产生的目的。

（2）建立校园危机处理机制与运动伤害紧急通报系统

只有建立校园危机处理机制与运动伤害紧急通报系统，校园内才能有更安全、更有保障的活动空间。

（3）研读并熟习相关法规

法令是依循的准则研读并熟悉法令的相关规定是避免误触刑责的根本之道。因学校教师或者其他工作人员在履行职务中故意或者重大过失造成的学生伤害事故，学校应予以赔偿，并向有关责任人员追偿。

（4）运动伤害的防范

第一，落实授课点名制度。教师掌握授课学生或参与活动的人员的情况，确实负起监督照顾的职责，避免因疏忽造成运动伤害的发生。第二，实施热身活动。运动前适度的热身活动是必要的，特别是在进行较高难度或高危险性的活动前，如游泳、体操等。第三，提供安全的活动环境。安全的活动环境是防范运动伤害的基础，因此建立一套安全环境的检测模式是责无旁贷的。第四，建立医疗体系。院校平时应加强紧急事故及对伤者急救的处理能力，并与附近的医院建立合作关系。第五，利用风险管理的概念。任何体育活动都应利用保险制度转移风险，以达到有效的预防。第六，建立协议书制度。任何高危险性的活动都应取得参与者本人以及家长的同意，以免除不必要的责任。第七，教师应对"有特异体质或者特定疾病"的学生予以关注。高校体育教学对于风险管理的运用大多停留在意外事件发生之后进行处理，然而建立一套完整的风险管理计划可以有效地控制并降低风险所造成的损失。因此，在体育教学管理的过程中，一般行政人员、教练、体育教师均应具备危机处理与风险管理的意识，尽量将可能发生的风险最小化，以达到风险管理的目的。体育教学工作是学校体育工作的重要组成部分，在推行"素质教育"的今天，提高学校体育教学工作的管理水平是全面贯彻党的教育方针的需要；是实施"素质教育"的需要；是培养 21 世纪复合型人才的需要。

二、高校体育教学管理的重点

高校体育教学管理是关系到高校体育教学规范与质量，关系到正确评价体育教师教学与促进体育教师业务发展的一项十分重要的工作，也是一项十分复杂并且难度很高的管理工作。它的重点有两个：一个是体育课程的宏观管理；另一个是体育课堂运行的具体管理。

（一）体育课程的宏观管理

1. 课程设置的管理

（1）体育课程教学项目

体育课程设置的管理在于确立体育课程的教学项目。这是一项从课程教学源头上、从根本教学性质上把握一切的工作，也是一项有效避免"滥开体育课"（如将中医、文娱等非体育课程内容作体育课程内容）或"以次充主"（如在体育课开课的比例中，让"轻微运动小价值型的项目"占据了较大比例，冲击了重运动高价值型项目）情况发生的工作。而要做好这项工作，就必须重点把握如下几个基本原则：其一，奥运项目优先的原则；其二，传统体育教学科目优先的原则（体育教学大纲长期确定使用的项目）；

其三，运动量效果大的项目优先原则。需要注意的是，必须把握"现代大学生最佳体育项目"优先的原则。首先，大学生最佳体育项目得是奥运项目；其次，要具有终身体育项目和市场体育项目的特征；最后，既是奥运竞技的同时又是娱乐活动的项目。例如，篮球、羽毛球、乒乓球、游泳等项目。

（2）规范体育课程教学内容的层级排列

体育课程设置的管理必须能有效避免逐期重复教学内容与时数的教学事件发生，必须能具备逐级推高教学水平的实力与功能。因此，必须把握好体育课程教学内容的层级排列。此处以篮球项目为例：

第一学期：C级篮球技战术（投篮上篮攻防、运控球攻防、传控球攻防、持控球攻防、简单配合攻防）；约20次40学时。

第二学期：B级篮球技战术；约20次40学时。

第三学期：A级篮球技战术；约20次40学时。

第四学期：超级篮球技战术；约20次40学时。

（3）把握科学选材，并合理地安排每次课的教学内容

体育课程设置的管理必须能避免"空上体育课"或把体育教学搞成运动训练课的教学错误发生。因此，教师必须把握好科学选材，并合理地安排每次课的教学内容。

（4）配备相适应的场地器材

体育课程设置的管理必须配备相适应的场地器材。例如，现代化篮球课必须配备篮球场馆，必须配备让学生充分运动的条件。实践证明，现代化场地器材的配备在很大程度上决定了体育课堂管理的效果和体育教学的质量。

2. 严格体育教师资质的管理

在体育课程设置管理的同时，高校必须把握好体育教师资质的管理：第一，展示课程教师基本信息；第二，展示课程教师科研成果；第三，展示课程教师的教学理念；第四，展示课程教师竞技特长；第五；展示课程教师教学文件。

3. 教师教学内容与方法更新的管理

开展体育课程的宏观管理还必须重视对教师教学内容与方法更新的管理。这主要从以下几点去进行：一是审查教师执行教学大纲、完成教学进度的情况；二是审查体育课堂教学结构与程序的规范化、自动化；三是审查教学理念与方法的现代化、多元化，不断更新。

（二）体育课堂运行的具体管理

1. 体育课堂程序结构模式设置

体育课堂程序结构模式是现代高校体育教育教学中的模式之一，是现代体育教育教学中具有承上启下运作功用的一环，是与其他文化课程教学有着本质区别，凸显体育教育、教学、训练特点的课堂程序结构模式。该模式通常在整体上决定了体育课堂教学的规范、质量与效益。因此，体育课堂程序结构模式的设置必须突出体现对传统体育教学

课堂模式的改革与创新，必须从"通力贯彻大众竞技，改进教学程序与方法，充分考虑现代学生的个性与愿望，狠把教学质量关"几个大的方面去着重研究；必须在时间与结构内容安排上按"教学与组织练习、学生大众竞技活动或快乐体育活动、训练与教学检查与过关活动各约1/3"的比例格局去进行；必须充分调动与发挥学生的积极性、能动性，最大限度地发挥学生骨干的课堂组织与管理作用。此外，体育课堂程序结构模式的设置绝不能不顾学生的"天性与兴趣"，对高速发展的体育教学方式视而不见，继续沿袭高耗低效的结构模式。

2. 体育教师课堂管理能力

体育教师与其他课的教师有一点不同，那就是体育教师不但要善于教学，更必须善于展开对课堂运行的动态管理。因此，体育教师必须具备突出的体育课堂驾驭与管理能力；必须具备"出好点子与用好人"的流畅运作能力。

3. 学生体育干部的选拔与运用

在体育课堂管理中，仅靠体育教师一人的力量是不够的，因此学院必须大力选拔与运用学生体育干部，充分调动他们的积极作用，发挥他们巨大的管理力量，最终实现高校体育教学"教师总监，学生骨干群管互帮"的理想局面。

4. 现代化场地器材的配备与课堂氛围建设

在体育课堂管理中，现代化场地器材的配备与课堂氛围的建设工作切不可忽视，因为现代化场地器材的配备与课堂氛围的建设在很大程度上决定了体育课堂管理的效果和体育教学质量的效果。总之，高校体育教学管理的重点在于体育课程的宏观管理和体育课堂运行的具体管理。只要高校能够依据提出来的系列方案与方法去实践，就一定能够对规范高校体育课程教学，提高高校体育课程教学管理效益，提高高校体育教学的整体质量与效益，产生极高的指导意义与极强的实践功效。

第三节　高校体育教学组织管理与运行机制

教育的发展为全民素质，更为社会进步、经济发展作出了巨大贡献。学校体育作为教育的一项重要组成部分，事关综合型、高素质人才培养目标的实现。因此，在当前职业教育高速发展的大环境下，怎样建立起能与之发展相适应的体育体系，建立起配套的体育组织管理和运行机制，已经成为高校亟待于解决的关键问题。

一、高校体育组织管理和运行机制的内容

要想建立健全完整的高校体育组织管理体系，就要针对具体问题建立健全统筹性管理效果较强的监督控制机制，确保能结合体育课程教学指导纲要中的相关问题，整合管

理模式的综合价值，为体育管理工作的顺利开展奠定基础，从而达到维护健康教育标准能和组织管理项目相互契合的目的，实现运行管理工作的全面运行。

（一）高校体育组织管理

我国高校体育组织管理，无论是内部管理还是外部监督管控机制都存在一定的问题，因此高校要积极建立健全统筹性较好的管控流程，充分借鉴国外相关教育模式，结合学校自身实际、发展现状落实具有实效性的管理控制模式，将管理效益最优化作为关键和核心，确保体育组织项目能围绕具体工作有序开展，且能全面提升人员、财务等资源的管理效率。高校体育组织管理工作的开展要将"以人为本"作为中心思想体系，这能有效调动学生的积极性和主动性，也能为提高体育组织管理效率奠定基础。需要注意的是，高校在对体育课程组织管理进行评价时，要对结构成本和代价进行判定，从而建立健全完整的监督管理模式，实现运行目标。第一，要整合教育教学方法，利用更加贴合学生实际诉求的"自觉体育"教学结构引导学生主动投入到教学活动中，实现创新意识的培养。第二，要健全体育发展结构，确保能完善高校体育组织管理的模式，有效提升内容管理和形式管理的综合水平，将学籍管理、运动训练项目和竞赛制度等进行融合管控，在积累相应经验的基础上，为后续工作的全面开展奠定基础。

（二）高校体育组织运行机制

在高校体育组织工作开展的过程中，为了提升运行机制的完整性和实效性，高校要结合实际问题建立健全统筹性较好的监督控制体系，确保能从组织结构优化和设计两个方面建立对应的管控模式，从而促进管理工作的顺利开展。第一，高校体育组织管理要对管理规范进行集中设计，将其作为运行体系和运行管理工作的根本指标，建立更加贴合实际发展需求、能对不同规章制度进行约束和监督管理的管控模式，并从根本上提高其完整程度，确保体育组织建设项目能在规定的范围内运行，能满足设计要求，从而实现管理工作和整体系统的发展目标。第二，要借助人才创造性活动建立完整的人才结构，确保高校体育组织综合实力的提升。只有建构完整的人才生态环境机制，才能实现体育组织系统管理工作的目标。因此，在强化人才存储量的同时，促进人才流动效果能满足实际发展需求，维护运行机制的根本水平。第三，除此之外，高校体育组织要对体育工作目标进行集中确认和监督管理，从组织实践出发，保证组织管理评价标准和奖励机制都能发挥其实际价值和作用，从而促进高校体育组织工作运行效率的全面提高。

二、高校体育组织管理与运行机制的现状分析

高校体育组织管理和运行机制既是互为独立，又是相互统一的关系。体育组织管理机制可以说是高校落实体育管理的"硬件"，运行机制则是落实体育管理的"软件"。高校体育组织管理功能的实现必须依据相应运行机制作用的发挥，而运行机制的形成是以体育组织管理机制为前提的。因此，想要实现高校体育教学的稳定、持续、良好发展，首先需构建一套合理、科学的体育组织管理机制，然后再建立起一套与之相适应的、高

效的运行机制。

（一）体育组织管理机构设置的现状分析

体育管理机构的设置是实现高校体育目标任务的有效载体，管理机构设置直接决定着管理效率与管理效果。结合我国高校的实际来看，体育管理机构设置主要可归结成两种方式：一是体育学院为建制的机构设置；二是体育部为建制的机构设置。大部分高校未设置校体育运动委员会，之所以会出现这样的设置现状，可能是因为学校公共课程教师数量少，没有足够的人手参加到部门管理当中；另外，即便是体育人数较多的学校，若是院校领导并不重视体育教学，也会影响到机构的有效设置。

（二）体育组织管理职权与职责的现状分析

从纵向管理方面来看，我国的大部分高校是由校长为主管领导、各部门以体育管理部门为中心开展对院校体育的管理工作。从职权范畴方面来看，相较于体育专业院校在人事、财务等方面拥有自主权，高校体育部拥有的自主权利比较少，这会给体育组织管理部门的职权、职责发挥带来很大影响。从职责方面来看，高校的体育教研室在职责上行使的范围是有限的，对教学、课余训练等基本职能认识得比较到位，但是在对外的社会体育服务、科研能力以及党政建设等职责发挥上还不够全面。

（三）体育组织管理部门制度建设的现状分析

一些高校在对体育的管理上还存在"跟着感觉走"这样表面化的管理现象。之所以会如此，是因为高校体育教研室不具备切实的管理地位。这一问题在以基础部下设教研室为主要管理机构设置形式的高校中表现得尤为明显，主要是由于基础部属于多个部门的组合，削弱了对体育地位的认知。

（四）高校体育管理运行机制的现状分析

高校并未制定对体育教师专门的评价体系，其评价方式基本和其他专业教师的评价方式大同小异，但受到学科性质差异的影响，评价效果也受到很大影响。评价方式的不合理也会阻碍体育教师工作积极性的发挥。随着数字化建设的发展、无纸化办公的完善，利用网络进行文件下达、会议通知是未来发展的主要趋势。因此，高校要加强对网络的利用，培养教师通过单位网站来浏览信息的习惯。体育社团是高校中课外资源的关键组成部分。社团的社会效应能加强院校和外部的沟通，同时通过各项竞赛活动的举办与开展，有利于全面发展学生的综合素质。结合目前高校社团设置实际来看，体育部门与校团委协作管理的方法可发挥出积极作用，但在如何能明确分工的同时使其各司其职，达到互为协作、共同指导的目的方面还存在一定的问题。以一场体育赛事的举办为例，若是采用体育部门独立管理的模式，虽然便于赛事的安排，但在任务分工和文件下达上会存在不畅问题；若是采用校团委独立管理的模式，虽然便于开展任务分工和文件下达的工作，但会因为和体育部门沟通受限等因素的影响导致赛事开展效果不如意；若采取体育部门与校团委协作管理的运行机制，则能使两方面的作用都能够有效发挥。

三、高校体育组织管理与运行机制的改革分析

（一）在机构设置上的改革

目前，各高校存在的体育工作计划不完善、各部门分工不明和责任不清等问题，这和缺少统一协调领导的机构设置存在直接关系。高校体育管理机构在设置上的改革应采取以下措施：创建由校领导为主要负责人的校级体育运动委员会，建立校公共体育教学部，形成在校公共体育教学部下二级管理单位的框架设置。这些措施可以减轻管理环节的负担，方便体育教研部领导的上下级沟通，明确各部门自身肩负的职责，各司其职，有利于彻底贯彻、执行各项工作职责。

（二）在职权和职责上的改革

高校的体育管理是一个极具复杂性的系统，而在这一系统中，怎样做到任务的分工明确、职权的层次分明是需要不断探索、完善的。依据科层管理理论建立科层制的组织模式能为解决高校体育管理职权与职责的问题提供理论参考。科层管理的基础是"责任"，核心是"权利"，思路是"分工和专业化"。也就是说，组织的建立开始于基础的职务划分，各个工作部门都设立诸多的工作岗位，而每一岗位都应极具专业化。高校在体育管理机构设置上发生变化的同时，主要职权也要进行相应调整，朝着纵向管理层次与横向互为协作管理的这一职权方向进行改革。从纵向管理层次来说，主管校长负责主抓学校体育工作，直接赋予校体育运动委员会管理、督查和协调的功能；对课余运动训练、课外体育活动等全校性的工作，要强调在以校体育运动委员会为有效平台的前提下，各部门间协作、互助地开展各项工作。除了赋予体育教学部的教学身份，还要强调对其行政权力的加强，对其职责范围进行改革：一方面是要继续做好教学、课余训练等主要职能；另一方面也要重视科学研究在高校中所占的重要位置，大力进行体育科学的研究，并重视学校体育对社会服务的这一功能。

（三）在管理制度建设上的改革

高校体育管理制度的有效制定是体育发展的基本保证，同时也是体育发展的重要驱动力。因此，针对现行体育管理制度建设滞后的问题，高校必须要在机构设置变化、职能拓展的基础上，做到对体育管理制度的相应完善。从纵向管理层次来说，学校体育运动委员会主要肩负的职责与任务必须明确，不仅要负责制定学校体育发展的规划、学校有关部门的体育工作职责，还要清晰地指出各职能部门在学校体育工作当中的职能，并发挥其监督职能，为制度的落实保驾护航。学校人事部则应对岗位招聘制进行完善，通过设定竞争机制和奖惩机制，激发体育教师的工作能动性。此外，课余训练管理制度、教师在职教育制度以及场馆器材管理制度等都要进行完善，以规范高校的体育工作。

（四）体育管理运行机制的改革

高校体育管理运行机制的改革思路主要体现在两个方面：一是创建学校层面的体育管理整体系统运行机制；二是构建体育部的微观运行体系。高校对体育部内部运行机制

的完善改革具体体现两方面：一是在教师评价的管理上，施行先民主、后集中的方法，先是教师的民主评议，再由体育部委员会总结评价意见；二是在信息通知和日常管理上，充分借助院校的数字化建设平台，推进网络化管理，采用微信、公众号等诸多方式，保障信息的快速、准确传达。高校的体育组织管理和运行机制是理论与实际密切结合的一个研究课题，理论性与实践性极强。针对存在的机构设置不完善、管理制度有待规范、职权职能发挥不理想等现状问题，高校应通过有力的举措促进改革，明确体育管理部门精准的职能定位、发挥职能作用、规范制度建设，为高校体育的稳定、持续、良好发展奠定基础。

第四节　高校体育教学管理队伍建设

现阶段，高校学生普遍存在着对体育学习兴趣不高的问题。为了改变这种情况，促进高校体育教学的改革，高校一定做好体育管理体系的完善工作，体育教学管理队伍建设是其中的基础性工作。

一、高校体育教学管理队伍建设新形势

（一）体育工作有更突出的地位

一直以来，体育都是我国各高校教育的关键组成部分，虽然实践中有不受重视的问题存在，可却并没有影响其在政府教育方针中的牢固地位。教育实践需要全面贯彻党的教育方针，保证为人民服务的宗旨，并要做到同生产劳动、社会实践妥善的结合。在新形势下，高校需要侧重体育教育的教学实践与教育理论研究工作，并保证教学管理工作的科学规范。

（二）体育工作有更严格的标准

我国高校的发展从注重数量转为注重质量，强调其对教育内涵的挖掘。而提升教育质量则包括学生心理、学生精神、学生体质等多个层面。因此，体育教学和相应的管理工作便不能只局限在教学计划的完成上，而是要综合考虑学校的情况、学生的情况，形成与学生身心发展规律更加契合的体育教育活动。也就是说，体育工作的实施标准实际上更加严格了。

（三）体育工作有更深入的理念

我国各类教育发展有一个基本方略，即依法治教、依法治校。因此，高校需要依法形成章程，并按照章程规定对院校加以管理。

（四）管理对象有更新颖的变化

体育教学管理队伍建设工作的施加对象主要为教师，但也不能不考虑到学生的情况。因为社会各界更加深入的依法治理观念，教师、学生有了更加强烈的主体思维，对体育教学管理工作的参与意识更强、自我观念也更加明确，这都是体育教学管理队伍建设工作中必然要考虑到的新形势。

二、高校体育教学管理队伍建设新问题

（一）认证评价制度的不完善

高校体育教学管理队伍建设的新问题首先表现在教师资格认证、激励以及评价等方面制度的不够完善。在高校体育教师队伍建设过程中，体育教师资格认证、教师培养、教学质量评价、激励等制度的缺失，让院校体育教师缺少了工作积极性，从而严重制约了院校体育教育能力的发展。此外，当前体育教学标准是有一定问题的，它难以将教育主管部门的要求体现出来，也未能照顾到院校、教师自身的诸多方面要求，导致管理队伍建设效果弱化。

（二）用人制度的不健全

用人制度的不健全直接导致人才流失问题的出现。对于高校而言，管理者普遍关注的是管理队伍建设工作，但由于缺少足够的管理观念，队伍建设推动缓慢。对个别管理者而言，"官本位"思维的存在导致用人制度人本化，技能型人才无法真正得到重用。与此同时，受区域经济发展影响，很多优秀教师向发达地区转移，这导致经济欠发达地区教师资源流失。

（三）人才结构的不均衡

很多高校设置专业时会优先考虑热门专业，并多方聘请相关的教师。然而，因为体育专业就业前景不是太好，就业率欠佳，所以体育专业教师便会出现更加严重的流失问题，同时缺少后备力量。

（四）体育教师专业培训不足

很多体育教师的教学内容和教学方法是存在问题的，如内容创新性不足，无法和前沿的教改相协调，方法上缺少与时俱进的理念等。教师进行培训的目标在于学习新内容和新方法，若是教师培训机构依然习用落后培训模式，那么培训效果必然难以达到理想状态。

三、高校体育教学管理队伍建设实践策略

（一）拓宽培养渠道

拓宽培养渠道有利于促进高校体育教学管理队伍的基础建设。对教师培训工作而

言，拓宽培养渠道包括两方面内涵：一是按教师自身情况的差异，给予专业化培训，以满足教师专业素质提升要求；二是基于学校情况，给教师以符合本校特点的培训。培训时要尽量避免时间、地点等客观条件的限制，不再把教学培训工作限制在课堂短暂的时间之内。此外，把更多的教学理论同实践结合起来，有利于检测教学成果，可以帮助教师进一步提高授课能力。

（二）关注人本管理

第一，对于现代高校高专院校来说，管理队伍建设工作的中心内容依然是以人为本，也就是充分将人的潜能发挥出来，充分尊重所有的管理个体，形成良好的教师管理队伍，在院校内部营造和谐的环境氛围，使教学管理工作者得到尊重和理解。第二，要做到管理上的民主和公开，明确管理者和普通教师的沟通方式，让教师有更多机会知悉管理建设情况。第三，真正处理好教师在工作与生活过程中存在的问题。第四，高校管理者需要做好自身建设，以身作则，发挥示范表率作用。第五，应当重视集体活动的重要价值，使之成为丰富教师业余文化生活的一种载体，让教师进入团结和谐的氛围中来，不断增强学校专业队伍建设。集体活动还需要包括根据教师实际情况而形成的生产技术开发、相应科研活动等，在保证体育立项、经费使用的前提下，利用多种不同渠道增加教师参与的可能性，使教师有机会把更新颖、更全面的体育信息运用到实际教学中去。

（三）完善聘用制度

完善高校教师聘用制度，形成科学合理的教师评价系统，是高校体育教学管理队伍建设实践策略的又一重要方面。在新形势下，不断使既有的教师任用制度得到完善，并努力提升教师教学研究工作的环境，为教学管理队伍建设奠定基础。在教育改革的大背景下，高校必须以既有管理制度为蓝本实现改革目标，更进一步完善已经存在的教师聘任制度，使其真正发挥在教师选用方面的重要作用。另外，要把高校高专院校自身的教育机构办学环境提升上来，以保证教学质量的提升有更大的空间。与此同时，高校还需要关注针对体育教学人员思想的宣传工作，使之形成科学的教育理念。特别值得说明的是，教师聘任制度对于高校体育教学管理队伍而言具有保证其稳步发展的功能，在此制度实施之际，有关教育管理部门和院校本身均应形成长期战略意识，使相关工作得到协调，用以保证制度建立同教师素质提升之间的稳定关系。

（四）促进梯队建设

高校需要关注体育学科教学管理队伍的梯队建设工作，将工作重心稍稍向培养后备人才方面倾斜。已经取得普遍共识的观点是：中青年教师是高校体育教学工作的中坚力量，更是促进体育教学走现代化发展之路的保障力量。也就是说，只有把中青年教师的教学、科研、管理水平提升上来，才能保证体育学科在梯队建设方面的稳定性与后备性，从而给院校体育专业发展培育更多的优秀人才。对此，高校需要努力谋求构建中青年教师培养的平台和方案，根据院校自身发展情况，将体育教学中的中青年带头人及骨干教师培训工作井然有序地开展起来，用多种途径激励中青年体育教师实现自身在职学历教育的突破。除此以外，高校还需要对体育教改和师资队伍建设加以统筹，以可持续发展为远景战略目标，在增强本校中青年教师能力的同时，注意校外人才的引入工作，达到院校体育教学管理可持续发展的效果。

（五）增强目标教育

首先，将高校体育教学管理的业务发展目标确定下来，明确院校的年度目标、基本任务、关键问题，进一步增强教学管理目标对象的精神，让所有教师都能将思想与行动统一到院校的管理目标中来。其次，注意针对个人的目标教育，将院校教学管理任务指标加以分化，落实到具体人员身上，使教师在压力中产生动力，增强自身的使命感和责任感，创造出更有价值的教育成果。最后，采取有效的激励手段促进教师形成同院校发展目标相一致的个人目标，使其找到团队归属感。

（六）落实激励机制

高校如果依然袭用计划经济思路，不把教师教学质量同薪酬进行更紧密的联系，那么必然不利于高校体育教学管理队伍建设的持续进行。因此，完善薪酬制度同晋升制度是势在必行的改革角度。教育主管部门需要实施多元化、多角度的薪酬管理制度，按照已经形成的体育教师基薪、效益及年终奖模块，以之为基础形成更加富有能力促进意义的薪酬管理方案，让多劳者得到更多，尽最大可能提升体育教育工作者的团队忠诚度与满意度。除此之外，针对体育专业的特点，高校还可以给教师以更具专业特点的综合测评，从思想品德、体育技能、教学管理成就等多个方面完成测评工作，并将测评结果同薪酬结合起来，落实激励机制，保证教师综合水平的提高和教学管理队伍建设工作的进步，为教师提供更加优越的发展空间，从而确保高校教育事业的健康发展。

第八章　高校体育科学管理的内容

第一节　高校体育课堂教学管理

一、高校体育课堂教学管理的目的

高校体育课堂教学管理的目的主要包括以下几点：①营造良好的体育教学氛围，让学生充分感受体育文化的独特魅力；②传授学生体育相关知识与专业技能；③培养学生良好的竞争意识和团结协作的集体主义精神，激发学生参与体育活动的兴趣；④提高学生的身体素质。在体育教学工作体系中，体育课堂教学管理是一项非常重要的内容，体育课堂教学管理工作的质量直接决定了管理目的能否实现、实现的程度如何，因此，要采取各种措施和手段提高体育课堂教学管理的质量。具体来说，可以从以下几个方面着手：首先，强化体育的多重目标、体现体育的多样化功能。其次，树立正确的体育教学思想。对学生来说，在教师的引导下树立"健康第一"等思想，有助于他们养成自觉锻炼的习惯，同时，还能对他们的身心健康发展起到促进作用。最后，建立科学的体育教学评价体系。通过评价得出的反馈信息能为接下来的教学安排提供必要的事实依据。

二、高校体育课堂教学管理的内容

（一）教学目的与任务管理

教学目的与任务管理是高校体育课堂教学管理非常重要的内容，高校体育课堂教学应围绕教学目的，尽快完成教学任务、实现教学目标。只有先将教学目的与任务确定下来，体育教师才能明确教学方向，有针对性地展开教学。无论是设计课堂教学组织方式，还是选择教学内容与方法，或者是调整课堂教学步骤，体育教师都要严格依据教学目的和任务进行。此外，体育教师也要让学生明确学习任务，从而让学生选择适合自己的且有利于尽快完成学习任务与达到学习目的的学习方法，最终获得预期的教学效果，实现教学目标。大量的事实表明，体育教学效果与教学目的、教学任务之间有着密切的关系。如果教学目的、教学任务缺乏科学性，也比较模糊，那么体育教师在教学过程中就很难把握重点，教师不知为什么而教，学生不知为什么而学，整个课堂教学就显得盲目、随意，而且氛围比较压抑，最终影响教师教授的热情和学生学习的积极性，导致教学效果不佳。因此，要重点明确体育课堂教学的目的与任务，并以此为依据开展教学活动。需要注意的是，教师设置的教学目的与任务要合乎实际，客观而明确。

（二）教学容量与难度管理

在课堂教学中，教学容量与教学难度如何将直接影响教学效果。因此，体育教师设置的教学容量与难度要适中、合理，符合学生的水平。目前来看，有些体育课虽然教学容量小，但存在一定的难度，超出学生的承受能力，而且安排男生与女生一起上体育课，没有考虑他们的身心发展差异，有些内容对男生来说相对容易，男生经过练习是可以掌握的，但对女生来说确实是有难度的，女生即使经过反复练习也不易掌握，这必然会影响女生学习的积极性，打击她们的自信心。另外，还有一些体育课虽然教学容量大，但缺乏难度，表面看起来课堂氛围很好，学生参与的积极性也很高，但简单、机械的内容不足以提高学生的体育技能水平。由此可见，如果体育教师安排的课堂教学容量与难度不合理，则不利于提高课堂教学效果。

（三）教学时间管理

一堂体育课主要包括三个部分，即准备部分、核心部分和整理部分，这三个部分缺一不可，体育教师一定要结合教学实际合理安排。如果体育教师安排得当就能增强体育课堂教学的时效性，保持体育课堂教学良好的节奏感，有助于学生掌握重点内容。各项活动与环节所需的时间也要合理安排与分配，以保证按照预期计划完成教学任务。为实现体育课堂的教学目标，体育教师一定要管理好教学时间，不能因为没有分配好时间就随意减少要传授的教学内容，或课后拖延时间匆匆完成任务，这都是不负责任的表现。加强对体育课堂时间分配与安排的管理体现了有效教学的理念，能够将有限的课堂时间充分利用起来，有利于提高教学效率、实现教学目标。

（四）教学方法与手段管理

在体育教学体系中，教学手段与方法起着极为重要的作用，科学合理的教学手段与方法有助于提高教学效率，取得理想的教学效果。由此可见，教学方法与手段的管理也是体育课堂教学管理中的重要内容。体育课堂教学方法与手段的管理至关重要，体育教师应深刻体会"教学有法、教无定法、重在得法"的含义。体育教师对体育教学方法与手段进行革新，首先要树立先进的教学理念，在先进理念的指导下创新教学方法，以提升体育教学的质量，改变传统体育教学中将少数几种教学方法不分场合、一用到底的局面。体育教师合理选用教学方法与教学手段有助于真正达到省时低耗、优质高效的理想教学状态。为了强化体育教学方法与手段的管理，探索更多先进的、有效的体育教学方法与手段，学校应组织体育教研组定期开展研讨会，构建科学合理的体育教学方法体系，为取得理想的教学效果提供保障。

（五）教学效果管理

教学效果是评价一堂体育课是否成功的重要依据，因此，加强体育教学效果的管理也是非常重要的一项管理内容。体育课的教学效果直观反映在学生的考试成绩中，尤其是技能考核成绩中。在体育课堂教学中，教师的教学活动与学生的学习活动都是为实现教学目标和提高教学效果而服务的，因此，体育教师必须在教学内容安排、教学方法选用、教学模式构建、教学评价实施中不断改进与优化，从学生的身心特点及实际需求出发，引导学生在课堂上掌握体育知识与技能，只有这样，才能从根本上提升体育课堂教学效果、实现体育课堂教学目标

三、高校体育课堂教学管理的类型

（一）专断型管理

采取专断型管理方式的体育教师会对学生提出非常严格的要求，学生必须按照教师的要求进行学习。教师往往以命令的方式要求学生完成一些任务，学生不得不服从命令。学生若不听从命令就是无视教师的权威，对于这类学生，教师往往会采取一些方式进行惩罚。在体育课堂教学中，采用专断性管理方式的教师将个人意愿和个人权威放在首位，而对学生的个性化需求并不在意。课堂教学氛围紧张、压抑、沉闷，学生不敢发表自己的意见，虽然对教师言听计从，但并不是真正愿意在这样的氛围中学习。长此以往，必然会压抑学生的个性，制约学生主体性的发挥，影响学生的身心健康发展。所以，专断型课堂教学管理方式有待改革。

（二）放任型管理

放任型管理具有较大的负面作用，采用这一管理方式的体育教师往往缺乏责任心，在体育课堂教学中一般只负责传授知识与技能，根据教案按部就班地教学，以完成教学任务为目的，至于学生是否认真听讲、是否掌握了课堂知识，以及课堂教学效果是否良好等问题，教师对此并不关心，甚至可以用"放任自流"一词来概括教师对学生的态度。

在体育课堂教学中，教师采取必要的管理方法与策略有助于活跃课堂氛围，使学生在良好的课堂环境下学习知识与技能，使学生学习的积极性得到增强，最终取得良好的学习效果。采取放任型管理方式的体育教师往往忽略了课堂管理的重要性及自身在课堂管理方面应负的责任。教师对学生放任不管，似乎对学生的个性发展有益，实则对学生的学习与成长无益。教师不负责任的态度常常会导致体育课堂教学无法满足学生的实际需求，无法调动学生的学习热情，即使学习自觉性强的学生如果长时间不管理也会变得懒散，而本身自觉性就差的学生更是会无视课堂纪律，做出一些不尊重体育教师、破坏课堂纪律、影响其他学生的不良行为。总之，放任型课堂管理方式不利于体育课堂教学活动的顺利进行，在很大程度上会影响体育课堂教学效果，不利于学生的健康成长。因此，体育教师尽量不要采取这一管理方式。

（三）民主型管理

民主型管理方式能在一定程度上体现"以人为本"的基本原则。采用这一管理方式的体育教师往往具有较强的民主意识，以学生的实际需要为中心，围绕学生的整体特征及个性化需求展开教学。在教学过程中，教师会采取一些有效的措施激发学生的学习积极性、强化学生的学习动机，努力结合学生的兴趣、爱好组织教学活动，以满足学生的需求。民主型管理方式较为灵活，在体育课堂教学中，教师在从一个活动转移到另一个活动的过程中，能够通过灵活的管理方式使学生始终保持学习兴趣，并使课堂秩序始终有序。尽管课堂教学需求不断提高和教学影响因素的不断变化，体育教师仍能及时完成课堂环境的重建，从而满足新的需求、适应新的变化，这是民主型管理方式与前两种管理方式相比而言最显著的优势。体育教师采取民主型管理方式，说明他们尊重学生，希望通过民主管理营造和谐、融洽的课堂氛围，激发学生的学习兴趣，促进课堂教学效率的提高。民主型管理方式符合现代教育理念及教学要求，值得大力推广。

（四）理智型管理

理智型管理也是体育教学管理的一个重要类型，这一类型的特点是体育教师有清晰的教学思路、明确的教学目标，依据教学目标有序安排每个教学环节、精心处理每个教学细节，以求最终顺利实现课堂教学目标。此外，体育教师也能够以课堂教学目标和所教的内容为依据，合理选用教学方法，给学生留出自主学习与思考的时间，让学生自主选择适合自己的学习方式。在学生自主学习期间，教师适时、适当地指导可以提高学生自主学习效率、增强学生的学习成就感。体育教学和一般的文化课教学不同，课堂教学中会受到很多内外因素的干扰，面对多重影响因素，采用理智型管理方式的教师往往能够灵活管理学生，学生在课堂上表现出来的学习态度、学习行为等对教师来说都是有价值的反馈，教师可以依据这些反馈进行灵活管理，从而端正学生的学习态度，使学生的学习行为趋于积极主动、合理有效。在体育课堂上善于进行理智型管理的教师往往具有教学技巧高超、管理技巧娴熟的优势，正因如此，他们才能科学合理地安排课堂教学活动。需要注意的是，理智型课堂管理方式有其自身的缺陷，主要表现为课堂氛围比较严肃、沉闷，缺乏活力，容易影响学生学习的热情和效果。

（五）情感型管理

情感型管理主要是指体育教师从学生的情感需要出发管理课堂教学活动，课堂管理的整个过程都透露着教师对学生的爱。体育教师以得体而亲切的语言进行课堂教学，鼓励学生充分发挥自己的优势，对于进步明显的学生不吝夸奖。教师对学生的情感需要给予重视，根据学生的情绪调动课堂气氛，使学生在体育课堂上能够获得愉快的心理体验。体育课堂上难免会有破坏课堂纪律的学生，提倡情感型管理的体育教师不会一味地指责这些学生，而是会以恰当的方式引导他们规范自己的课堂行为，这样既维护了学生的尊严，又能使学生感受到教师的善意，这对建立和谐的师生关系、巩固师生之情，以及净化课堂风气都具有重要意义。情感型管理方式与以人为本的基本原则有着密切关系，与现代教育理念相吻合，因此，这一管理方式值得提倡。

（六）兴趣型管理

学生是体育教学活动的重要主体，体育教师要以学生为本组织与管理教学活动。要想实现良好的管理效果，就要采取各种手段与措施培养和增强学生学习体育的兴趣。因此，在体育课堂教学中，采用兴趣型管理方式的体育教师往往教学艺术高超、教学风格突出，能够以独具艺术性的教学技巧将学生的学习兴趣激发出来，使学生在学习中陶冶情操、提升修养。在课堂教学中，采用兴趣型管理方式的体育教师能够以有趣的方式给学生呈现所要教授的内容，使学生在富有美感的课堂教学中集中注意力听讲、看示范，使学生保持学习热情，在教师的引领下掌握新知识。这样的课堂氛围显得非常轻松、活泼，能够获得理想的管理效果，有利于实现既定的教学目标。

四、高校体育课堂教学管理的实施

（一）高校体育课堂教学管理实施的前提

一名合格的体育教师必须具备良好的素质，具体包括教学业务素质和思想道德素质，这是高校体育课堂教学管理实施的重要前提。

1. 教学业务素质

体育教师的教学业务素质主要包括体育基础理论知识、一般文化理论知识、运动技能等方面的内容。一般来说，能够依据体育教学规律和教学原则合理安排教学内容、正确选用教学方法、科学构建教学模式、全面实施教学评价，使学生利用有限的课堂时间充分掌握体育知识与技能的体育教师就是业务能力强、业务水平高的专业教师。业务素养高的体育教师容易树立威望，对学生有威慑力，能管好课堂纪律、调动课堂气氛，能以生动形象的讲解和准确无误的示范调动学生学习的积极性，使学生保持积极向上的学习态度，最终也能取得好的教学效果。由此可见，体育教师业务素养的提高非常重要。作为一名体育教师，要时刻想着如何提高自己的教学业务水平，这样才能组织与管理好体育教学活动，实现教学目标。

2. 思想道德素质

体育教师的思想道德素质虽然不是外显的，也不是快速形成的，但这种内隐的影响却是非常持久而深刻的。只有品质高尚、工作态度认真、胸怀坦荡的教师才会对学生产生积极的影响。学生这个群体具有一定的敏感性，在体育课堂上，体育教师的言行举止，甚至是表情细微的变化都会引起学生的注意，而学生接受教师的反馈信息后也会不自觉地改变自己的行为。所以，体育教师必须严于律己、以身作则，给学生树立良好的榜样。总之，为了取得良好的体育教学管理效果，体育教师必须先规范好自己的言行，再要求学生遵守课堂纪律，否则难以使学生真正接受管理。只有教师以身作则、严于律己，才能给学生树立榜样，从而保证教学活动的顺利开展。

（二）高校体育课堂教学管理实施的关键

大量的实践表明，高校体育课堂教学管理实施的关键在于营造和谐的课堂教学氛围。只有在和谐的课堂教学氛围下，教师和学生才能良性互动，取得良好的教学效果。体育教学活动是指师生的双边活动，缺少了任何一方，都不能称之为完整的体育教学活动。体育课堂教学管理同样需要体育教师和学生共同参与，需要二者互动交流。为了维护良好的课堂秩序，保证课堂管理制度的真正落实，必须建立融洽、和谐的师生关系，维护与巩固师生感情，从而使体育教师热情地教、学生主动地学。教学管理效果的好坏与课堂教学氛围是否融洽有着直接关系。教师的教与学生的学固然对体育课堂教学质量与管理效果有决定性影响，但并不是唯一的决定性因素，师生互动的课堂环境也是不可忽视的决定性因素之一。课堂氛围不同，学生的学习效率、教师的教学效果及课堂管理质量都或多或少存在一些差异，只有构建和谐的课堂环境、营造融洽的课堂氛围，才能增强教师与学生之间的联系，实现合作与发展。由此可见，构建和谐的体育课堂教学氛围是实施体育教学管理的关键。

第二节　高校课余体育活动管理

一、高校课余体育活动管理的过程

为顺利实现高校体育目标，领导、计划、组织、控制以及创新高校课余体育活动的一系列环节的综合就是高校课余体育活动管理。高校课余体育活动管理过程包括以下几个重要环节。

（一）课余体育活动的领导

内容广泛、形式多样是高校课余体育活动的基本特征。全校课余体育活动、班级课余体育活动、团体课余体育活动、个人课余体育活动、校内课余体育活动、校外课余体育活动等都属于课余体育活动的范畴。组建强有力的领导机构是管理好这些课余体育活动的基本保障。设立课余体育活动的领导机构必须考虑课余体育活动的全校性管理和专业化管理的问题，需要由全校性的行政管理部门承担，以及体育教研人员的参与。因此，可以在全校体育管理机构下成立课余体育活动管理部门，由体育教师或班主任担任该部门的主要工作人员，负责组织课余体育活动，并对参与其中的学生进行指导。

（二）课余体育活动的计划

高校体育物质条件、体育教师的素质与教学水平、学生的体育兴趣等都会影响课余体育活动的组织与实施，因此，制订课余体育活动计划要综合考虑这些因素，使课余体育活动更有趣，形式更灵活，效果更好。课余体育活动计划包括以下四个层面的内容。

1. 国家或者省市层面的课余体育活动计划

这类课余体育活动计划是由国家或省市的体育部门制订的。这类课余体育活动的规模一般比较大。

2. 全校课余体育活动计划

全校课余体育活动主要包括早操、俱乐部等常规性活动和体育文化艺术节、运动会等大型活动。全校课余体育活动通常一学期举办一到两次。

3. 班级课余体育活动计划

体育教师要在符合班级学生特点，遵循学校总体计划的基础上制订该类活动的计划，力求满足学生的体育需求。班级课余体育活动通常一学期举办 5 ~ 10 次。

4. 学生个人课外体育活动计划

学生可以根据自己的爱好和需求自主制定适合自己的个人课外体育活动计划，在计划中要明确活动目标、活动内容、活动时间等。学生在制订个人课外体育活动计划时，可以向体育教师和家长征求意见。

（三）课余体育活动的组织

课余体育活动的组织要根据课余体育活动计划进行，并由课余体育活动管理机构统一领导。课余体育活动的组织过程如下。

1. 宣布计划

向相关教师与全校学生告知课余体育活动计划的相关事宜。

2. 制定制度

制定考勤制度、检查制度、奖惩制度等与课余体育活动相关的各项制度。

3. 明确工作职责

学校体育管理部门牵头组织课余体育活动，组织负责人主要是班主任，业务负责人由体育教师担任，学生社团自愿参与，要明确工作机制和相关工作人员的具体职责。

4. 组织实施课余体育活动

在组织实施课余体育活动的过程中，高校体育管理人员、体育教师、班主任等相关人员都要身体力行，相关部门要相互配合，学生要积极参与，促进课余体育活动计划的顺利实施。

（四）课余体育活动的控制

控制也是课余体育活动管理过程中的一个关键环节，对课余体育活动的控制就是要对活动的每一个环节进行检查评估，及时发现问题并予以纠正，这要以课余体育活动计划和相关制度的规定为依据来实施，以便为课余体育活动的顺利进行提供保障。监测学生体质健康状况是控制环节的主要工作。定期监测学生体质需投入较高的资金、人力资源及物力资源，还要花费较长的时间。高校每年都会定期开展学生体质健康测试工作，如果可以从国家层面上加强统筹管理，就可以提高监控的效率。这就要求高校每年进行体质健康测试后，向全国学生体质健康标准数据管理中心上报测试数据，全国学生体质健康标准数据管理中心可以建立全国大学生体质健康数据库，从而对大学生的体质动态状况进行综合把握。为了将这一监控手段更好地运用于高校课余体育活动中，教育部应明确规定测试数据上报时间，以保证数据的准确性。

二、高校课余体育活动管理实践 —— 以高校运动会管理为例

（一）高校运动会管理计划

高校运动会管理计划应严格遵守高校运动会管理的通行原则，其中主要的是制订年度运动会计划。高校每学年（学期）运动会日程计划的内容一般包括运动会项目、种类、时间、地点、参赛班级、人数和主办单位等。制订高校运动会管理计划要注意以下几个方面：第一，根据学校具体情况安排运动会活动项目，优先安排传统项目和重点项目，适当增添一些创新性的、能够激发学生运动兴趣的活动项目，以促使学生积极主动参与。第二，统筹安排运动会计划，综合考虑本校的教育计划、季节特点、节假日和项目数量。安排时要有侧重点，使各运动会项目比较平均地分布在两个学期中。另外，还要保证春、秋两季的全校运动会或者一些特定的大型竞赛的时间固定，形成具有学校特色的传统课余体育活动。第三，各项运动会活动的排列顺序通常以日期先后为准，尽量按项目分类。各项运动会活动的安排一般以表格的形式表示，必要时可以附加项目和月份的运动会工作进度表。

（二）高校运动会管理过程

1. 运动会前的管理

通常由组织委员会负责运动会前的管理工作，如果没有成立组织委员会，就由运动会筹备委员会（或筹备小组）负责。运动会前的管理工作主要包括以下几个方面的内容：第一，确定组织方案。运动会计划和准备工作要根据实际情况有步骤地展开，首先进行

总体设计构思并提出组织方案。运动会组织方案主要包括运动会的名称、目的、任务、主办与承办单位、时间与地点、规模、组织机构、经费预算、工作步骤等内容。第二，组建运动会组织机构。组建运动会组织机构是运动会组织管理的重要组成部分。各种运动会的组织机构一般采用委员会制。运动会的组织委员会是运动会管理的最高机构，组建时应根据运动会的性质和规模来确定它的机构编制、人数等，通常没有固定的限制。运动会的组织委员会一般有一名主任，若干名副主任和委员。运动会组织机构的组建应做到精简、高效，根据实际需要分批借调工作人员，节约人力和财力。第三，拟定工作计划，建立规章制度。组建组织委员会后，要根据运动会规程、组织方案和责任分工，拟定各职能部门的具体工作计划和有关行为规范，如工作人员的管理制度，管理制度要经过组织委员会讨论审定通过后才可执行。第四，制定运动会规程。运动会规程是组织实施学生运动会的主要规章制度，对运动会的管理具有指导作用，所有参与者都必须遵循。一般情况下，运动会的性质主要分为两种，即单项运动会和综合运动会。单项运动会需要制定单项运动会规程，综合运动会则需要同时制定运动会规程总则（总规程）和单项运动会规程两种。运动会规程的主要内容包括运动会名称、运动会时间和地点、运动会项目及组别、参加资格、参赛办法、仲裁委员会的组成以及有关经费的使用规定等。第五，编制运动会秩序册。运动会秩序册是以书面的形式对运动会组织的程序和具体运动会秩序进行规定。秩序册由运动会的管理竞赛部门负责编制，组织委员会审定颁发。各种类型运动会的秩序册都必须在运动会开始前下发。运动会秩序册的内容应包括运动会名称、运动会时间和地点、主办与承办单位、组织机构、规程和补充规定、各部门（处、室）人员名单、各项目运动会委员会和仲裁委员会成员、裁判员与各代表团名单、运动会总日程表和各项目运动会日程、裁判员名单、运动会场地示意图等。

2. 运动会期间的管理

（1）运动会开幕式的管理

运动会的开幕式程序主要包括宣布开幕式开始，裁判员、学生入场，升旗，领导人致开幕词，学生代表讲话，裁判员、学生退场，开幕式表演。开幕式表演结束后开始各项目的比赛。高校运动会的开幕式要想顺利进行，必须组建开幕式临时指挥机构。很多全国大型综合性学生运动会的开幕式现场临时指挥机构通常是由活动部门指挥，组织委员会及其他部门临时选派有关人员配合组成。小型运动会由于规模小、人数少，开幕式的组织工作也相应变得简单了，组织委员会任命 3 ~ 5 人，分工合作，临时组成指挥小组具体负责开幕式的工作，具体负责的内容可以参照大型运动会进行。

（2）比赛活动的管理

运动会期间要有指挥管理人员深入赛场进行第一线指挥管理，对比赛活动实行全面、具体的组织、领导与管理。管理要准确、及时、果断，如果出现问题，要及时召集仲裁委员会研究讨论，尤其要注意解决运动会中出现的各种突发状况，以及弃权、罢赛、弄虚作假等问题，以保证运动会的顺利进行。

（3）人员管理

　　运动会期间的人员管理，主要包括对裁判员、运动员及观众的管理。首先，裁判员水平的高低对运动会的顺利进行有着直接影响，裁判员要具有高尚的职业道德，做到公平、公正、公开，杜绝不良裁判作风。其次，对参赛运动员要尽量采取分级管理办法，提出统一要求和具体规定，并做好参赛队伍之间的协调工作，及时处理各队出现的问题，最根本的目的就是让参赛的运动员都能保持良好的状态，公平参赛。最后，观众作为运动会的重要参与者，对比赛的顺利进行有很大影响。比如，当比赛激烈时，组织委员会如果对观众管理不当很可能会造成运动会无法继续进行。因此，针对以上人员的管理，组织委员会要制订相关的管理计划，确保运动会顺利进行。

　　3. 赛后工作的管理

　　运动会闭幕后的管理工作主要包括为参赛队伍办理离场手续、借调人员返回原单位、及时处理运动会的物资、做好财务决算、汇编成绩、填报破纪录成绩、整理文档资料、做好总结等多方面的工作。

第三节　体教融合视角下高校高水平运动队建设与管理

一、体教融合视角下高校高水平运动队建设

　　体教融合是我国在 20 世纪 80 年代以来形成的竞技体育与学校体育相结合的体育人才培养方式。"体教融合"模式的意义在于有效解决了运动员文化课学习时间不足的问题，同时，也为竞技体育的健康、持续发展指明了方向。经过这些年的尝试，这种模式已经成为普通学校试办高水平运动队、培养人才的重要途径。通过对我国高校高水平运动队员、教练以及对高水平运动队管理现状进行分析，能为我国高校在高水平运动员的招生制度、培养过程、管理体制等方面不断改革和完善提供参考。体教融合视角下建设高校高水平运动队，要从以下几个方面着手。

（一）正确理解"体教融合"

　　"体教融合"并不是简单的体育与教育的结合，也不是把专业队的队员引进到学校，发个文凭，替学校比赛，而是在"以人为本"的科学发展观的指导下，实现资源优势互补，构建结构合理、分工明确的高校体育人才培养体系，使得高水平竞技体育人才培养更加科学化，同时，培养优秀体育后备人才和适应社会发展需要的德、智、体、美、劳全面发展的时代新人。

（二）加强学校管理

用"以人为本"的观念培养德、智、体、美、劳全面发展的社会主义建设者和接班人，是普通高等教育科学发展观的体现，必须贯穿在高等教育始终。"以人为本"就是要关心人、尊重人，就是要促进人的全面、健康发展。"体教融合"是我国高校高水平运动队现行的最佳教育模式。它既保证了优秀运动员的文化课学习，又保证了优秀运动员的课余训练，为他们今后的就业和择业提供了强有力的支持和保障。实施"体教融合"最有效的途径就是"学分制"。高校高水平运动员面临完成学业和提高竞技水平两大任务。各高校可根据学校实际将运动员的学习和训练纳入学分管理体系，即运动员在校期间既要完成学校规定的该专业学习所必需的学分（专业核心课程），又要完成在运动训练及比赛中的训练比赛学分，对成绩优秀的运动员还可给予奖励学分，两部分学分之和达到毕业时所规定的总学分，则允许其毕业，对未修满文化课学分或训练比赛学分者可延长学习年限，这样就可以避免运动员只"练"不"学"或只"学"不"练"，使高校运动队健康、有序发展。

（三）加强教练员队伍的建设

想要培养高水平的运动员，必须有高水平的教练员，高校应不断加强教练员队伍的建设。具体来说，高校可从以下几个方面着手：①建立教练员竞聘上岗机制；②建立详细的教练员业务档案；③建立激励机制，打造一支爱岗敬业、乐于奉献的教练员队伍。

二、体教融合视角下高校高水平运动队管理

（一）组织人事管理

本质上而言，高校高水平运动队组织人事管理就是对整合运动队的人力资源进行管理，具体要从以下几个方面开展管理工作。

1. 建立科学的选拔制度和管理体系

在高校高水平运动队组织人事管理中，首先要建立选拔制度，选拔优秀的教练员与运动员，并对其进行专业培养。选拔优秀教练员的途径有很多，常见的有试用观察、单位推荐、专家评议、公开演讲、阶段考核、成绩评估、系统培养等，通过这些途径，可以提高优秀教练员的选拔效率，而优秀教练员数量的增加又有利于从整体上提高运动队的训练水平。选拔优秀的运动员，要考虑我国的奥运争光计划，在此基础上对各个项目的优秀运动员进行科学选拔。在优秀运动员的选拔过程中，要在坚持以下几方面准则的基础上构建选拔体系：①提前确定运动员选拔流程；②要根据不同赛事的要求进行选拔，如国际比赛、国内赛事和国家队组织的比赛等；③可采取积分制，对运动员的比赛成绩进行量化，根据量化结果进行选拔；④加强专项指标的测试，为优秀运动员的选拔提供科学的依据。

2. 采用科学的培养方法

在高校高水平运动队组织人事管理中，要在新时代背景下培养人才必须采用科学的培养方法。新时代对各个层次人才的要求如下：①管理人员要具备丰富的科学管理知识；②教练员要把握国际、国内动态变化趋势，及时更新训练理念，创新训练方法；③运动员要具备良好的综合素质，训练要积极主动；④科研人员要对相应项目的本质规律进行深入研究，对训练过程的变化特点和制胜规律加以把握，运用专业知识科学分析问题。

（二）思想教育管理

在高水平运动队管理中，思想教育也非常重要，这项管理工作需要长期坚持才能取得良好的效果。高水平运动队经常要代表国家、省市参加国内或国际大型比赛，为国家和地区争取荣誉，这就对运动员的思想道德素质提出了更高的要求。对运动员进行思想教育主要包括以下几个方面的内容：①培养运动员爱祖国、爱人民的意识与观念；②培养运动员的集体主义精神和团队精神；③培养运动员遵守组织纪律的习惯；④培养运动员坚韧不拔、顽强拼搏的意志品质；⑤培养运动员互相尊重、助人为乐的精神。在运动员思想教育中，要融入"祖国培养意识"，国家在培养优秀运动员方面付出的代价是巨大的，人民为此也付出了大量的劳动，运动员在取得优异成绩的同时，要意识到这与国家和人民的付出是分不开的。运动员在进行自我评价时，也要认识到祖国对其的培养，这有利于运动员形成正确的价值观。

（三）训练竞赛管理

1. 训练计划管理

训练计划就是管理者从理论上设计未来训练活动、指导训练实施的过程。教练员和运动员在训练过程中要根据训练计划完成任务。为保障训练的顺利进行，需要科学制订和实施训练计划。按照训练的时间长短，训练计划被分为多年训练计划、年度训练计划、阶段训练计划、周训练计划等类型。无论是制订哪种类型的训练计划，以下几个内容都是必须涵盖的：①运动队的训练现状分析；②训练目标体系；③训练的指导思想、任务、内容及方法、手段；④训练阶段的划分；⑤训练负荷的安排；⑥训练效果评价等。在制订训练计划后，要进行评议、检查、修订，以促进训练计划的不断完善，更好地发挥训练计划的指导作用。

2. 参赛管理

高水平运动队往往参加的是大规模、高水平的比赛，而且参赛场次较多，因此，竞赛效益是十分受关注的。因为面临的任务艰巨，责任重大，所以要严格选拔参赛运动员，公开竞争、教练组指定是选拔的主要方式。公开竞争指的是高水平运动队组织内部比赛或参加重要比赛，按照比赛成绩确定参赛人选。我国世乒赛的参赛选手一般是通过公开竞争的方式选拔的。需要注意的是，公开选拔的方式不利于从全局角度综合分析整个队伍的发展。教练组指定指的是教练组的成员在特定情况下，以比赛任务、要求及队员的实际情况为依据，在研究商讨的基础上确定最终的参赛人选。从某种程度上来说，教练组指定的选拔方式说服力不强,主观性明显。以上两种选拔方式各有利弊,因此,结合两种方式选拔参赛运动员,效果会更好。在运动比赛中,对于教练员已经布置好的战术要求,运动员需严格服从,队员之间要互相鼓励、帮助,充分发挥团队精神。此外,在比赛的整个过程中,对裁判、对手、观众都要保持尊重的态度。在参加奥林匹克运动会的过程中,我国优秀运动员总结出了程序化参赛这一科学准备方法,该方法能为参赛人员的科学管理提供参考。程序化参赛理论要求科学、有序地安排各项参赛因素,包括时间、空间、生理、心理等各方面的因素,使运动员清楚自己要做什么,合理规划好自己的事情,这样运动员才有机会将自己的运动能力展现出来。

(四)文化学习管理

运动员的竞技能力由战术、体能、智能、心理等因素组成,其中运动智能的重要性不容忽视,加强运动员的文化教育,可以提高运动员的运动智能水平。我国运动员大多从小从事专业化训练,系统学习文化知识的时间很少。另外,部分运动队的教练员和管理人员也不具备丰富的文化知识,因此在运动员文化教育中难以发挥作用,再加上促进运动员训练和学习效果同时提高的机制还未建立,导致运动员文化素质低,与其专业技能水平有很大的差距。对此,我们必须在对运动员进行专业训练的同时加强文化教育,促进运动员文化素质与专项素质的协调发展。

(五)科技服务管理

针对科研活动进行的管理就是科技服务管理。对科研人员的管理和对科技攻关过程的管理是科技服务管理的两项主要内容。在现代运动训练中,为了更好地备战,必须注重科技攻关与科研服务。近年来,科学训练意识的强化促进了科技服务管理科研人员的增加,随着研究的不断深入,科技攻关项目越来越多,这直接推动了科研管理内容和形式的变化。科技服务管理主要从以下几个方面着手。

1. 建立高水平的科技攻关团队

随着现代运动训练水平的不断提高,建立高水平的科技攻关团队越来越有必要,在此过程中要以项目本质特征、训练体系构建、训练各个环节创新等为核心。在科技攻关组织上,要充分整合与利用运动队内部科研资源,吸纳专业的科研人员投入这一工作中。

2. 优化科技服务的工作流程

第一,每个运动队依据本队队员的具体情况选定常用的专项指标,并构建不同负荷下的可操作性强的指标评价系统。第二,从标准化角度出发培训科研人员,使其综合分析能力进一步提高,要深入了解具有动态性和综合性的各项指标的价值,科学预测运动员的未来状态,为提高训练效果提供正确的导向。第三,依据相关标准对运动队科研进行分层管理,一般将其分为测试服务型、科研分析型、课题攻关型、训练创新型、科技先导型五个层次。

3. 建立数据库,提高运动队训练的定量管理水平

在科研测试与分析中,科研人员要明确数据分析程序和分析步骤,以便了解各个指

标的意义和价值。在运动队训练过程中，要注意积累科研数据，建设信息化平台，推动训练的科学化发展。

4. 建立运动队训练科研管理制度

在我国高水平运动队训练管理中，科研管理效果的提高离不开制度的制定与实施，从当前运动队训练科研管理的现状出发，应建立包括以下内容的运动队训练科研管理制度：①运动队训练科研的立项管理；②运动队训练科研的信息管理；③运动队训练科研的计划管理；④运动队训练科研的人员管理；⑤运动队训练科研的成果管理；⑥运动队训练科研的奖励管理；⑦运动队训练科研的经费管理；⑧运动队训练科研的合作管理等。

第四节　高校体育资源管理

一、高校体育财力资源管理

（一）体育教研经费管理

随着时代的变迁和人们观念的转变，体育课程教学的改革也在不断深化，这为体育教学提供了重要的理论基础和依据。同时，体育学科也在不断发展，这就需要充足的体育教研经费作为保证。体育教研经费管理主要从以下几个方面入手。

1. 邀请有关专家进行科研成果鉴定费用

在体育科研项目中，为了鉴定科研成果，必须邀请有关专家进行评估和调研。因此，应将这一项费用列入年度经费预算。

2. 出席各级体育科研研讨（报告）会议费用

体育教师进行体育科学研究要发表论文，论文发表后就可能被邀请参加各级体育科研论文报告会，因此，这也是每年年度经费预算中不可缺少的一个重要部分。

3. 外出考察观摩学习费用

在体育教学改革中，不同学校对上级下发文件的理解都会存在着差异。通过外出考察、观摩和学习，能够充分理解上级的指示，通观全局，制定适合本校的体育教学改革方案。因此，每年的体育经费预算中就需要列出外出考察的费用。

（二）体育器材经费管理

体育器材可以分为不同的种类，比较常见的有大型的固定资产和小型的消耗品。其中，通常不会经常购置大型器材，只有小型消耗品需要每年添置。提高体育器材的使用效率，使体育器材成本得以有效降低，从而使体育器材经费最大限度地发挥作用。通常情况下，对体育器材经费的管理主要从以下几个方面入手。

1. 科学制定采购器材预算

以每年体育器材消耗费用、第二年增减项目的器材费用、体育教师工作服、机动费用等为主要依据，将年度采购的预算做出来。通常情况下，每年体育器材的消耗费用是固定的，如篮球、排球、足球、羽毛球等运动项目，每年在球和球拍的使用上消耗比较大。这笔费用是每年采购预算必列项目。通常情况下，第二年增减项目的器材费用是应对改革需要和特殊情况对器材购置进行调整而准备的。体育教师工作服要根据每个学校的情况来采购，可以集体采购，也可以由体育教师自己购买，但是必须纳入年度采购的预算项目内。机动费用一般是灵活经费，由于每年经费都会有一定的增减，因此机动费用是以备不时之需的。

2. 提高采购行为的规范化

高校每年体育器材的采购花费是一笔不小的开支，采购的质量和渠道对有限的体育经费是否能够充分发挥作用会产生非常重要的影响。鉴于此，就要求增加采购的透明度，提高采购行为的规范性。

3. 减耗增效

为了降低采购体育器材的经费，要充分发挥体育器材的作用，把损耗降到最低。但是，不可否认的是，只要器材投入使用就肯定会有损耗，因此，这就要求在管理方面加大力度，建立健全体育器材管理制度，规范器材采购和管理流程，尽可能地减少损失。

（三）体育活动经费管理

体育活动经费投入的主要目的是通过开展丰富多彩的体育活动，促使学生锻炼身体。体育管理者要遵循群体活动经费的使用规律，把每一分钱都用在学生身上。体育活动经费经费管理主要从以下几个方面入手。

1. 学生体育协会活动

体育协会活动是在学校的扶持、体育教师的指导、学生的积极参与下开展的。体育协会是以学生缴纳的入会费运作的，该组织的开销费用都是从入会费中来的。但是，学生缴纳的费用是很少的，不足以支撑活动的开展，因此，就需要学校经费的支持。在活动中，需要支出的费用主要有以下几个方面。

（1）添置器材费通常情况下，学生单项体育协会活动所使用的器材都是与体育课堂教学器材共用的，但是，对一些较为特殊的单项体育协会来说，这是远远不够的，如成立拳击、划艇、棋牌等在体育课上难以开设的协会，就需要专门添置器材，因此，需要将这笔费用列入学校经费预算中。

（2）教师指导费体育教师对学生单项体育协会是否能够进行科学指导是该项活动能否长期开展下去的关键。因此，必须对教师指导设置专门的酬劳费。

（3）内部比赛费用学生单项体育协会除平时自己组织练习外，还可以开展协会内部的竞赛活动，开展活动就需要增加一些奖励费用。因此，要保证比赛顺利进行，就需要将这部分费用列入学校预算中。

（4）外出比赛费用单项学生体育协会成立的主要目的是使广大学生的兴趣得到满足，能够广泛开展校际的体育交流等。但是，如果外出比赛，就会有一些费用开支，如交通费、餐费等。这些费用靠学生缴纳的会费是远远不够的，因此，需要列入学校预算中。

2. 组织学生体育郊游

随着体育课程改革的不断深入，体育课程的开展已经不仅仅局限于校内了，校外（社会、野外）活动逐渐成为体育课程结构的一部分，这不仅使体育教学的领域得到进一步的扩展，同时，也增加了经费开支。要使这项活动有计划地进行，就需要有充足的资金支持。

（四）体育竞赛经费管理

高校体育代表队参加校外大型比赛的经费开支，就是所谓的体育竞赛经费。体育竞赛经费可以执行专款专用的模式，也可以把经费细化，这些竞赛往往会对学校的荣誉产生较大的影响。具体来说，体育竞赛经费管理要从以下几个方面入手。

1. 训练竞赛器材费用

训练与竞赛的开展需要配备专门的体育器材，要与实战要求相近，在规格方面，可以高于实战的规格，但不能比实战的规格低，究其原因，主要是由于体育器材的质量和档次会对比赛成绩产生直接的影响。

2. 运动员训练补助

体育竞赛经费的一项重要开支就是运动员训练补助。运动员的训练与学生体育协会的活动是有一定差别的，他们是为学校争得荣誉，训练需要消耗体力，要有营养补充，而对学生体育协会的学生来说，是不需要这笔费用的。要以运动员的等级、贡献的大小、技术水平的高低等要素决定具体的补助费用。

3. 教练员训练课酬

教练员训练课酬与其他公共课有一定的差异性，究其原因，主要是由于竞赛不仅需要教练员全身心投入，还要以每个成员的情况为主要依据，随时调整训练计划。比如，教练员不仅要抓运动员的训练，还要抓运动员的思想作风，这些需要耗费很大的精力。因此，为了能够让教练员集中精力将训练和竞赛搞好，学校应该在这方面有一定的倾斜政策。

4. 运动员比赛服装费用

通常情况下，要求运动员的比赛服装在每年大赛前添置一套，也可以根据本校情况增加相应的配置。这方面的经费要根据市场价格来确定，不仅要求服装与竞赛规则相符，同时要具有实用、美观等特点。

5. 外出招体育特长生经费

为了促进体育不断发展，相关人员往往会外出招收体育特长生，这项工作也需要一定的经费。除了一般的工作关系外，要想招到较为满意的体育人才，还要进行一定的感情交流，这些都需要经费。通常情况下，外出招体育特长生需要的经费支出主要包括差旅费、交际费、电话费等。

6. 交通、住宿等费用

校代表队在进行校外竞赛时，距离的远近往往在很大程度上决定着花费的多少。一般来说，近距离需要交通费，远距离则需要交通费、住宿费、餐费等。这些都需要在学校年度预算中列出。

7. 比赛奖励

校代表队在正式比赛中取得好成绩，理应进行奖励。奖励不仅能够使运动员的士气得到有效鼓舞，同时，还能够利用奖励作为招生的有利条件，将高水平队员吸引到本校就读，这对体育人才的引进也是非常有利的。一般情况下，是要按照级别、名次进行奖励的。不同级别的比赛及获取不同的名次，获得的奖励也是不同的。通常来说，省一级比赛取得前六名就应有奖励。

二、高校体育物力资源管理

（一）体育场馆管理

对高校体育物力资源管理来说，体育场馆的管理是其中一项基本工作，也是非常重要的一项工作。高校体育课程教学工作的顺利进行，与体育场馆有着较为密切的联系，因此，要重视体育场馆的管理并将这一工作做好。具体来说，应该做到以下几点。

1. 功能齐全，搭配合理

为了保障课堂教学、活动和训练的正常进行，体育场馆必须具有满足教学需要的功能，并且要搭配合理，专馆专用。其中，高校普遍开展的体育课程要保证优先进行，这类体育课程主要包括田径、篮球、排球、足球、羽毛球、乒乓球、武术、健美操、游泳、体操等。

2. 环境安静，不影响上课

体育环境的管理包括两个方面，一方面是体育场馆内部的管理，另一方面是体育场馆外部的管理。对体育环境产生影响的外部因素主要是指来自课堂外部的一些因素的影响，譬如其他人的走动或者观望等，这些都会使部分学生的注意力分散，甚至引起混乱。因此，体育教师要正确对待和处理这些外界环境因素的干扰，创设良好的体育教学环境。

3. 卫生整洁，环境优美

体育场馆的主要功能就是使师生参加体育活动的需求得到满足，保障师生身心健康。对体育场馆的要求主要表现为不得在体育场地周围 2m 以内设置障碍物，长期使用的大型器材应相对固定摆放并定期检查维护，以保证安全使用。除此之外，要保证体育器材和场馆地面的卫生，定期消毒和打扫。体育场馆的环境是体育教学物力资源的重要组成部分。体育场地周围和体育场馆内的环境尽量要保持舒适，这样，能够使师生在进行体育锻炼时保持愉快心情。

4. 制度健全，责任分明

由于体育场馆中的很多工作都是周而复始的，比如，保洁人员每天的工作就是打扫同一个地方、收拾同一件物品，管理人员有时会检查同一批器材、巡视同一个地方，因此体育场馆的管理是一项长期、细致、艰巨的工作，需要制度化。简单工作的单调重复往往会让人产生枯燥的感觉，精神疲惫的现象也比较容易产生，时间长了就会使人们失去工作的热情。鉴于此，通常可以采用周期安排的方法，以一周或一个月为一个周期，以事情的轻重缓急为主要依据，均匀地安排在一个周期内，这样，在保证工作不单调的同时又能把需要做的事都做完。

（二）体育器材管理

由于器材需要分门别类和经常性地进行保养和维护，因此，可以说体育器材的管理是一项非常烦琐的工作。这就要求高校体育器材的管理工作要在操作上体现出程序化、制度化，具体来说，应该从以下几个方面入手。

1. 体育器材的放置要分门别类

体育器材的摆放应做到分门别类、秩序井然，以使用频率为主要依据对其进行分类。为了便于教学活动的进行，通常情况下，经常使用的大型器材要按固定位置摆放，小型器材要定点存放。需要注意的是，禁止在场内随意摆放不经常使用的器材，必须将其收进保管室妥善处理。

2. 器材管理员要坚守岗位

器材管理员要按部就班地完成每天的工作任务。一般来说，上课前，器材管理员要做好整理场地器材、给球充气等工作；上课期间，器材管理员要随时准备应付如天气变化、任课教师改变计划、器材损坏等突发事件，以使教学有序进行，切忌擅离职守。

3. 保持体育器材室的卫生

体育器材室内应保持整洁的状态，卫生工作的频率通常为每天一小扫，每周一中扫，每月一大扫。在进行卫生清扫工作时，要求仔细清理体育器材室的每个角落。

4. 外借体育器材时要按规定办理手续

对体育器材管理人员来说，应做到以下几点：①一定要按时、按项目、按量把器材提供给任课教师，不可以随意外借器材；②体育教师要根据教学需要填写器材申请单，学生凭体育教师签名的申请单到器材室领取器材；③由使用体育器材的部门提出申请，经体育部负责人批准后，方能借出。

三、高校体育人力资源管理

（一）高校体育人力资源管理的内容

1. 职位分析与设计

高校首先要对本校体育职位的性质、责任、工作流程，以及能够胜任该职位工作人员的素质、知识、技能等加以分析，在调查、分析所获取的相关信息的基础上，编写职务说明书和岗位规范等人事管理文件。

2. 人力资源规划

把高校的体育人力资源战略转化为中长期目标、计划和措施，包括对人力资源的现状分析、未来人员的供需预测与平衡，确保高校能够及时获得所需要的人力资源。

3. 人才招聘与选拔

根据人力资源的规划以及工作的需要，为高校招聘、选拔人才并将其安排到合适的工作岗位上。

4. 绩效考评

对高校体育人才在工作中取得的成绩进行考核并及时作出反馈，以便提高体育人才工作的积极性，为他们的晋升、评优等人事决策提供相应的依据。

5. 薪酬管理

薪酬管理包括对基本薪酬、绩效薪酬、奖金、津贴等薪酬结构的设计与管理，借此激励体育人才更加努力地为高校体育工作贡献他们的力量。

6. 培训与开发

通过培训提高个人、群体和整个组织的工作效率，进一步开发组织成员的智力潜能，提升人力资源的贡献率。

7. 职业生涯规划

关心体育人才的个人发展，帮助他们制订个人发展规划，以进一步激发他们的积极性和创造性。

（二）高校体育人力资源管理的原则

1. 目标原则

明确的目标是进行人才管理的必要条件，因此，在高校体育人力资源管理中，在重视实现组织目标的同时，对员工个人的发展也要给予高度重视。

2. 系统原则

所谓系统原则，就是从整体的观点出发，统揽全局，把握人力资源系统结构，深入分析其能级，并对其变化进行跟踪。与此同时，还要控制好方向，保证管理目标的顺利实现。

3. 能级原则

所谓能级原则，是根据体育人才的才能对其所从事的具体工作进行安排，授予其相应的工作职权，并对其所要承担的责任加以明确，从而使人的才能适应其所从事的工作岗位的要求。以人的职称、经验等为主要依据将其安排到合适的岗位上，能够使各个岗位人员的能级水平尽可能地规范化和标准化，从而达到人尽其才的目的。

4. 激励原则

所谓激励原则，就是运用相应的政策手段，对体育人才的工作积极性和创造热情进行有效激励，并且通过适当的手段对他们取得的成绩给予适当的奖励。一般有很多种对人才进行激励的方法，当前较为常用的方法主要有奖励激励、榜样激励、关怀激励、支持激励、目标激励、领导行为激励、竞赛激励等。需要注意的是，这些激励方法要根据实际情况有针对性地选择和运用。

（三）高校体育人力资源管理的要求

1. 为职择人

为职择人是指在体育管理活动中，根据体育事业的需要设置体育管理机构，制定各岗位的职责规范，然后按照岗位选拔合适的人才。

2. 任人唯贤

任人唯贤是指在选拔和任用体育人才时，必须按照人才的政治思想、业务水平及能力大小来择优选拔和任用，切忌任人唯亲。

3. 用当其人

每个人的一生中，都有其能力的最佳时期，体育人才也不例外。在体育管理中必须抓住个人能力的最佳时期，及时、充分地发挥人才的最大作用。

（四）体育教师的管理

1. 体育师资队伍建设

高校体育教师管理的基础是建立一支业务水平高、作风优良的体育师资队伍。体育师资队伍建设主要从以下两个方面着手。

（1）编制

体育师资规划编制体育师资规划，需要综合考虑当前高校体育的发展状况和未来发展的需要，具体考虑因素如下。第一，体育法律法规。高校需以体育法律法规中的相关规定为依据编制体育师资规划。第二，高校体育的基本状况。这里所说的高校体育的基本状况主要是指高校体育教师工作职责，如体育教学、课外体育活动、课余体育训练和竞赛等相关工作任务，具体要以教学数量和其他体育活动的工作量为依据计算工作量。第三，师生比例。体育教学质量是否能够得到保障，受到师生比例的影响，教育部相关文件中提出合理的教学师生比和训练师生比分别为 1：30 和 1：8。第四，高校体育工作未来发展预测。根据高校体育工作的未来发展需求，可以大体计算所需的体育教师的数量，体育教师数量需满足学生体质健康测试、课外体育活动和运动训练等工作开展的基本需求。

（2）选拔

引进体育师资高校体育教师编制确定后，需对现有的体育教师结构进行调整与优化，根据需要对招聘体育教师。公布招聘信息—笔试—面试—试讲—录用—培训是招聘体育教师的基本程序，在招聘过程中，要全面考察应聘者的思想素质、业务素质和身体素质等综合素质。

2. 体育师资队伍培训

加强对高校体育教师的管理，促进体育教师个人发展，需要对体育教师进行全面的培训。对体育教师的培训主要从以下两个方面进行。

（1）体育教师职业发展规划

体育教师职业发展规划指的是在高校体育管理部门的指导下，以体育教师自身的优势和特点为根据，结合高校体育工作开展的需要，帮助体育教师制定个人职业发展规划，从而促进体育教师个人的发展以及高校体育的发展。体育教师制定个人职业发展规划主要有以下三个步骤：①明确职业发展目标，包括体育业务水平目标、体育教学水平目标、体育理论水平目标等；②制定职业发展计划，包括目标实现的途径和具体方案等；③确定实现职业生涯发展的阶段性检查标准，对职业发展计划的落实情况进行监督和检查。

（2）体育教师培训现代社会的飞速发展

要求体育教师积极参加培训，不断优化自身的知识结构，以适应时代发展的要求。这就需要加强对体育教师的培训，具体可以通过以下步骤展开培训工作。一是培训需求调查。培训需求来源于三个方面，分别是经济社会发展的社会需求、高校体育发展的组织需求、体育教师发展的个体需求。调查问卷、培训访谈等是获得社会、组织和个人的需求信息的主要途径，获取信息后要分析信息，以明确培训的目的和要求。二是培训计划。体育教师的培训形式多样、培训内容复杂，具体要以需求信息为依据并结合高校的具体情况选择合适的培训形式。常见的体育教师培训形式有学术交流活动、教研活动、函授、集中培训等。三是培训实施。以培训计划为依据组织培训工作，建立相关的培训制度，从而提高体育教师的培训效果。四是培训反馈。培训结束后，主管部门要对培训效果进行评估，从而更好地开展新一轮的培训工作。

3. 体育教师的绩效管理

（1）绩效评估

体育教师的绩效评估包括以下两点：①行为评估，评估体育教师的出勤率、工作完成率等日常工作行为；②结果评估，评估体育教师所从事的体育工作的效果，如学生的体质健康水平、在体育竞赛中取得的成绩等。

（2）绩效反馈

绩效反馈就是在得到评估结果后，向组织和个人反馈评估结果。书面通知、面谈交流是常见的反馈形式。不管如何传达，都要保证传达的准确性，使体育教师能够及时发现自己工作中的不足。

（3）绩效提升

绩效提升涉及以下工作：①体育管理部门可通过会谈、会议、培训等方式对体育教师进行指导，使绩效较低的教师掌握提升绩效的一些方法；②体育教师总结自己在上一阶段的绩效表现，在此基础上探索绩效提升的途径；③体育管理部门都要密切关注体育教师的教学行为，以保障绩效提升方法的落实，促进体育教师绩效的有效提升。

（4）薪酬管理

为了更好地对体育教师进行绩效管理，必须实施科学的薪酬管理制度。对体育教师的薪酬进行管理时，应贯彻责、权、利对等原则，激励体育教师努力提高工作绩效。在薪酬管理中，要建立薪酬制度。建立薪酬制度时，要考虑体育教师的工作特点，同时，必须与管理制度相适应。通过建立薪酬制度，鼓励体育教师积极参加培训，提高工作绩效，高水平完成工作。

（五）学生的管理

1. 学生管理的原则

（1）增强体质

在高校体育教学中，对大学生进行管理主要从体质健康入手，主要就是看大学生的体质水平是否得到提高。如果大学生经过一段时间的体育学习后，体质没有提升，那么体育教师在接下来的教学中就要重点加强对学生体质的培养。

（2）普及为主

在高校运动队训练中，教练员对运动员的竞技能力提出了较高的要求，希望将这些学生运动员培养成为尖子选手，使其在比赛中取得优异的成绩，但很多学生都无法承受高负荷训练。面对这一情况，学校体育活动应以普及为主，提高学生的体质健康水平。因此，坚持普及为主的原则可以较好地处理运动训练中的矛盾。

（3）全面发展

在高校体育工作的各个方面都要加强对学生的管理，在不同的工作中管理的侧重点不同，但总的目标都是促进学生全面发展，使学生拥有良好的身体素质，掌握一定的运动技能，具备一定的社交能力和良好的审美能力等。只有重视学生全面发展，才能提高高校体育管理工作的效果。

2. 学生管理的内容

（1）体质健康管理

众所周知，促进学生体质健康水平的提高和身心的协调发展是高校体育教学的主要任务之一。学生的健康状况对民族未来的发展有重大影响，因此，在高校体育教学中应重视对学生的体质健康管理。高校在学生体质健康管理方面需做好以下几个方面的工作：①健全学校组织机构；②针对学生建立专门的体质健康管理制度；③加强对学生的健康教育；④建立学生健康档案；⑤对学生的体质健康状况进行检查、评估。

（2）课堂纪律管理

在体育课堂教学中，要加强对学生的纪律管理，这样才能从基础上保障体育课堂教学的效果，所以，体育教师在上课时除了要传授知识外，还要做好纪律管理工作。体育课堂纪律管理可从以下几个方面进行：①严格要求学生的言行规范；②维护有序的课堂纪律；③发挥学生干部的作用。

（3）学习评价管理

在学习评价管理中，常见的评价形式有以下几种：①教师对学生的学习评价。教师一般采用测验法、定级法、体育态度评价法等评价学生的学习情况。②学生自我评价。学生自我评价可以很好地认识自己的不足。学生自我评价一般通过自我反省、自我反馈、自我暗示等方式进行。③学生之间相互评价。学生之间相互评价，不仅可以认识到自己的问题，还可以发现别人的优点，进而改正自己的不足，学习他人的优点，不断完善自我，实现共同进步。

第九章 高校体育教学管理改革的探索

第一节 高校体育教学管理改革的背景

一、高校体育教学管理出现的问题

（一）高校的体育教学师资不足

在高校中，缺少专业的体育教师是导致体育教学无法正常进行的重要原因。在高校的体育教学中，体育项目繁多，且学生选修的项目冗杂，如排球、篮球、足球、羽毛球、网球等，这都需要专业的体育教师来进行教学。但是高校的体育教师师资不足，且体育教师的专业知识与体育能力存在着一定缺陷。这容易使学生无法得到专业的体育指导，体育潜力不能得到全面的挖掘，对体育学习表现出消极的情绪。

（二）高校在体育教学设施的投入不足

我国有些高校的校园面积小，各种专业体育设施严重缺乏，这导致学生的体育学习受到阻碍；学校对体育教学不重视，在体育器材与设施的建设上投入较少，这导致高校的体育硬件设施远远低于国家标准，甚至出现因体育设施不完善而导致体育教学无法展开的现象。例如，高校对羽毛球、乒乓球等球类运动的体育器材提供做不到人手一拍，致使学生在进行体育学习的过程中没有拍子或者需要自备器材，这严重打击了学生参与体育学习的积极性，容易对高校的体育教学造成负面影响。

（三）管理理念滞后，目标定位不准确

教学管理理念有助于教学质量的提高，对教学发展具有显著的作用。教学管理的存在主要是为学生、教师以及教学提供相关服务，从而保证教学有序进行。就目前我国高校体育教学管理理念的状况来看，观念落后且目标定位不准确等问题直接影响教学管理的成效，对体育教学质量的提高以及高校体育教学的发展都有不同程度的制约和阻碍。在我国的教育体制中，分数是衡量教师教学质量和学生学习成绩的重要标志，这容易出现在高校体育教学管理中过分强调分数导致的教学管理理念扭曲的现象，也使高校体育教学不得不披上功利的外衣，教学管理止步不前。

（四）管理体系不健全，评价及监控体系运作不合理

现阶段，我国高校体育教学管理体系不健全，评价及监控体系运作不够合理，不能真正发挥其管理、评价及监控作用是普遍存在的现象。同时，因为大部分体育教学工作的弹性大、伸缩性强，所以无法只从数量上来衡量管理工作的质量，服务质量、团队合作、社会效益等是很难准确量化的。因此，只通过固定的标准来考核和评价体育教师的教学水平及教学质量是不够客观的，这会大大打击体育教师的工作自觉性和积极性，从而影响体育教学水平和质量的提高。

（五）管理队伍不稳定，管理水平仍需提高

目前，高校体育教学管理者的综合素质随着高校体育教育事业的快速发展也有所提高，但教学管理仍然存在管理队伍不稳定以及管理水平仍需提高等问题。由于大部分管理者都不是管理方面的专业人士，而且基本上都有自己的教学任务需要完成，再加上自身管理知识及经验不足，因此他们没有过多的时间和精力投入管理工作。同时，很多高校对体育教学管理的经费投入不够，使高校体育教学管理队伍体系建设远远落后于专业教师管理队伍体系的建设，直接影响和制约高校体育教学管理水平的提升。

（六）课外活动管理机制不完善

高校体育教学管理的课外活动管理机制不完善也是一个需要重视的问题。没有严密的组织和明确的目标，也没有充分考虑到学生、教师以及体育教学发展的真正需求，导致大部分课外体育活动都不是有序进行的。这会直接影响学生兴趣爱好和终身体育意识的培养，同时也非常不利于校外体育资源的开发及利用，是一个亟待解决的关键性问题。

二、高校体育教学管理改革的必要性

（一）满足培养高素质人才的需要

在当前激烈的市场竞争机制下，企业主要是依靠技术与人才因素立于不败之地的，因此对人才的综合素质要求越来越高。与此同时，高素质人才在社会中也被众多企业争相聘请，在获得巨大的发展空间的同时，还能实现自身人生价值。在这种相互作用的刺

激下，社会的综合发展实力就会不断增强。因此，高校及时有效地对自身的教学管理模式进行改革和创新，不仅能够提升自身的教学质量与效率，更为重要的是能够为社会提供更多高素质的人才，满足各方发展的需求。

（二）适应高等教育发展需求

我国的高等教育模式中采取扩招的办法，使学生的数量逐渐增多，从而为社会发展提供更多高素质的人才，实现高等教育的全面发展。因此，高校应顺应这种新形势的教育发展情况，依据自身教育教学特点与实际情况，不断研究新办法实现对自身教学管理模式的创新与改革，使高校教育资源得以最大限度地利用，满足社会与时代的发展需求。

（三）满足教学改革的需求

新时期的教育改革重点强调学生的主体地位与教师的引导作用，因此高校课程的开展应围绕学生实际发展需求开展，从而实现教育改革由整体向纵深发展的需求。高校应明确掌握教育改革的需求，在结合自身的实际教学特点的情况下，努力紧跟教育改革的发展步伐，对本院校的教育管理模式进行改革与创新；同时，将教师与学生的教学与学习积极性调动起来，使新的教学管理制度得以顺利实行，实现自身教学管理质量的提升。

三、高校体育教学管理改革的优势

高校的体育教学与中小学的体育教学有着很大的不同。高校体育教学管理进行改革的优势主要体现在以下几方面：

第一，高校没有中小学的升学压力，高校学生有较大的自主空间，而且高校更容易从培养德、智、体、美全面发展的角度认识体育的价值。因此，与中小学相比，高校的先进教育理念使高校体育教学管理改革更能得到学校的大力支持。

第二，高校广阔的校园面积和较为完善的体育场馆设施为高校公共体育的开展提供了基础条件，也为体育教学管理改革创造了条件。

第三，高校具有较强的体育师资力量。目前，高校具有硕士、博士学位和副高级以上职称的体育教师的比例明显提高，高校体育师资力量较以往明显增强。这促进了高校体育教学管理改革的开展。

第四，高校普遍具备试办高水平运动队的条件。试办高水平运动队可以有效推动高校体育教学水平的提高，对高校学生参与体育可产生积极的影响，也可以有效推动高校体育教学管理改革的深入。

第五，高校公共体育具有良好的学术氛围。目前，高校体育科研氛围日渐浓厚，科研立项的质与量明显提升，从事科学研究的体育教师比例逐渐增大，参与学术论文报告会的投稿数量和录取比例不断增大，关注和参加专家学术讲座的积极性明显提高。这为高校体育教学管理改革奠定了坚实的基础。

第六，高校具有较大的办学自主权，可形成以兴趣培养为导向的丰富的体育课程体系内容。游泳、网球、武术、击剑、健美操、足球、篮球、乒乓球、荷球、高尔夫球、板球等项目在高校的开展都较为普及，学生自主组织竞赛活动、体育社团及教工俱乐部活动活跃，课内外一体化理念特色易于落实。这也能为高校体育教学管理改革创造条件。

第二节　高校体育教学管理改革的目标、原则及方法

一、高校体育教学管理改革的目标

（一）运动参与普及目标

第一，体育运动要让学生参与。学生不管是主动地参与体育运动，还是被动地参与体育运动，都可以为他们带来意想不到的好处。虽然参与体育运动取得的效果会有所差异，但学生不参与进去，提高自己的身体素质和运动技能等目标就无从实现。

第二，体育运动要强调参与的广度。与普通高等学校相比，高校的学制较短，学生平时的课堂教学和实训较多，课余活动时间就相对较少。因此，让学生参与或人人参与体育活动是高校体育教学管理改革的一个重要的任务。教师除了要认真上好体育课，还要积极开展丰富多彩的、吸引大多数学生参与的体育活动和娱乐比赛，以期达到学生每天体育锻炼一小时的目标。

第三，体育运动要追求参与的深度。高校体育的教学目标要想顺利实现，必须进行改革和创新，吸引学生自觉参与体育运动。只有这样，学生才能体会到运动过程中的乐趣，才能锻炼自己，从而获得成功的机会。

为此，从体育课程角度来看，高校体育教学管理改革在促进学生运动参与目标的定位上，要面向全体学生，体现参与的深度与广度，做到人人参与和普及参与相结合，主动参与和被动参与相结合。这样的目标定位不仅要体现在体育课堂教学中，还要体现在学校体育工作的各个方面。例如，人人参与体育课堂教学、人人参与早操晨跑、普及参与运动会或体育社团等。高校体育教学管理工作首要任务就是通过积极开展丰富多彩的体育活动来调动学生自觉参与的积极性。学生只有自觉参与体育锻炼，才能发自内心地感受到自己是学习的主人，才能从被动的接受变为积极、主动、富有创造性地学习，才能体验体育对健康成长的多元价值。

（二）体质健康促进目标

体育课程的重要性之一就体现在增强体质、增进健康上。在当前青少年体质健康水平特别是肺活量、柔韧性、速度、力量等体能素质指标连续下降的情况下，各级各类学

校体育工作要把促进学生体质健康水平作为第一要务来抓,其重要性和迫切性毋庸置疑。目前,中国独立设置的高等职业院校超过1200所,占全国高校总数70%左右,高校在校生超过1300万,占全国高校在校生的一半多。这些高校的学生毕业后将长期面对艰苦、复杂的特定工作环境,如果没有健壮的体魄和良好的体育锻炼习惯,将难以承担"一线"的岗位责任。因此,高校体育教育应努力提高学生体质健康水平和培养学生终身体育锻炼的习惯。高校学生体质健康促进目标应从以下几个方面定位:首先,从群体上说,应定位在全体学生体质健康水平的提高;其次,从时间上说,应定位在学生每天锻炼一小时,因为只有确保学生每天体育锻炼一小时,学生体质健康水平才能持续得到提高;最后,从评价过程来说,应定位在"每天提高一点",也就是说,只要学生在校期间体质健康水平能逐渐提高,每学期或每年学生个人体质健康指标都有所提高,就说明学校体育教育教学改革收到了成效。

（三）运动技能掌握目标

第一,体育运动技能的掌握是学校体育课程教学的主要任务之一,是体育教学目标的重中之重,体现体育课程是以身体练习为主的基本特征。运动技能的掌握状况不仅影响体育运动参与的积极性,还对体质健康目标、人格健全目标和高校学生专业发展目标起促进作用。

第二,高校是学生课堂体育教学的最后阶段,也是体育专项运动技能掌握的关键时期,一些在中小学没有掌握的体育运动技能可以在这里重新掌握,因此高校也是学生养成终身体育锻炼观念的最佳场所。

第三,高校通过让学生自主选择与专业发展相适应的运动项目（"立交桥"式选项教学）,如空乘专业学生开设形体课、路桥施工专业学生开设定向越野课等,在提高学生对运动技能掌握的同时,也提高学生与专业发展相关的职业体能与素养。因此,高校运动技能掌握目标定位要有普遍性和针对性。

（四）健全人格培养目标

高等职业院校教育如果只重视学生对知识、技能的掌握,忽视学生人格的养成,那将严重阻碍毕业学生的可持续发展能力。因为知识的掌握比较简单,它主要靠记忆来实现,是一种层次较低的智力活动;但是人格的养成却相当复杂,它不仅需要丰富的知识,还需要健康的体魄、良好的教养、广泛的兴趣和高尚的情操。教育,特别是体育教育,要能够基于学科优势,在健全人格培养目标中发挥重要的作用。高校体育教育健全人格培养目标主要是培养学生乐观向上的心理品质,促进学生人格的健全发展。具体来说,就是通过参与体育运动,学生不断正确认识自我以及人际关系的处理,提高承受挫折和适应环境的能力,培养吃苦耐劳、顽强拼搏和团队协作的精神。

（五）专业发展服务目标

专业发展服务目标是高校体育教学的一个特有目标,也是体育教学管理改革的另一个方向,是职业教育"以服务为宗旨,以就业为导向"人才培养模式的具体体现。专业发展服务目标是高校体育有别于中小学和大学体育教学目标的特色之一，它通过建立具有高校特色的体育课程体系，创建"立交桥式"选项教学模式，开设与学生专业发展相匹配的运动项目，在培养学生养成终身体育锻炼习惯的同时，能更好地提高学生的专业体能和促进学生职业生涯的持续发展，为社会输送用人单位青睐的、全面发展的高素质人才。

二、高校体育教学管理改革的原则

（一）坚持"健康第一"的体育教学管理改革指导思想

1. 确立"健康第一"的指导思想

《中共中央 国务院关于深化教育改革全面推进素质教育的决定》指出："健康体魄是青少年为祖国和人民服务的基本前提，是中华民族旺盛生命力的体现。学校教育要树立健康第一的指导思想。"教育部相关文件明确规定："高校高专教育的教学建设与改革，必须以改革教育思想和教育观念为先导。"所以，在思想上和实践中必须明确"健康第一"的指导思想，不单纯是学校的指导思想，而是整个学校教育的指导思想。

2. 健康的新理念

健康不仅仅是没有疾病和衰弱，而且是生理、心理和社会方面都处于一种完善适应状态，其具体表现为：一是身体不虚弱，没有疾病；二是心理健康；三是社会适应能力强。这使原来单纯的增强学生体质，提高运动技术水平的观念已不适应社会发展的需要，必须树立全新的健康观念，在增强学生体质的同时，培养学生的心理品质和社会的适应能力，努力提高学生的健康水平。高校体育教育作为学校教育的一个重要组成部分，也理所当然地要在"健康第一"的指导思想下，以学校教育的整体改革为基础，进行积极大胆的教学改革。

（二）树立全面育人的体育教学管理观念

高校体育健康课程的教学目的不仅仅是传授体育知识、技术和技能，增强体质，而且还要为国家培养具有竞争意识、开拓进取的全面发展的人才。因此，在高校体育健康课程教学中，应给予学生全方位的体育教学，即体能、健康、娱乐、竞技、生活、心理卫生等，以适应未来竞争愈来愈激烈的社会要求。为此，高校体育教学选择的教学内容，采用的教学模式、教学方法以及教学评估标准等，都应从全面育人的观点出发，以达到最佳的高校体育教学效果。

（三）坚持以健康为理念、以学生为中心的教学思想

长期以来，受传统体育教学观念的影响，我国的体育教学都强调以"教师为中心、以课堂为中心、以课本为中心"的教学体系，忽视学生的主体作用。强制化的课堂教学模式，被动式、注入式的教学方法严重影响了学生体育学习的积极性和自觉性，影响了体育教学改革的进一步深化。体育的本质决定了学校体育的活动性质是一种直接的实践

活动，与学校智育是一种间接的认识活动形成鲜明的对照。随着教育改革的深入、素质教育的推进和健康理念的影响，高校的体育教育应构建自己的教学模式和教学体系，从实践的教学本质出发，以学生为中心，使学生真正成为体育实践的活动主体；以生活为中心，拓展学生的实践空间，丰富学生的实践内容，尊重学生的兴趣选择；以活动为中心，调动学生学习和锻炼身体的主动性和积极性，培养学生的体育兴趣，发展和完善学生的个性，使学生自己在自炼、互炼、互评的体育锻炼中，养成经常锻炼的习惯。

（四）增强高校学生的体育兴趣，培养经常锻炼的习惯

兴趣是人们力求认识某种事物和从事某项活动的意识倾向。兴趣是在需要的基础上产生的，不是先天就有的。体育兴趣是指对体育爱好、喜好的情绪。要培养学生终身参加体育锻炼的习惯和能力，就必须培养学生对体育的兴趣。学生对某项体育活动感到有学习或参与的需要时，就会产生某种体育兴趣，于是便开始接近、探究，并通过一系列的学习或实践活动使自己的需要得到满足，一旦这种需要得到满足就会产生愉快情绪，并在新的体育兴趣的驱使下，又开始新的探究、实践，使体育兴趣不断地发展起来。因此，在学校体育教育中，要引入生活体育的内容，并与未来的社会体育接轨，正确引导启发，逐渐培养学生自发、自主地进行体育活动的能力和习惯。体育习惯是在参与体育活动中逐渐形成的一种不易改变的行为。体育习惯的养成贵在坚持，只有持之以恒，才能收到增强体质、锻炼意志、调剂情绪、娱乐身心的效果。在学校体育教学中，除了在体育课上实施课内外一体化的教学模式，还要让学生每天坚持出早操，下午课外活动时间坚持锻炼，开展多种形式的体育竞赛活动，使学生潜移默化地养成体育锻炼的习惯。

（五）坚持体育教学、训练、竞赛、活动和达标评定的连贯性和统一性

学校体育的改革必须尽快地走出与健康理念相冲突或不协调的四大教学误区，即体育教学内容的竞技化、体育教学过程的技术化、体育教学组织的一体化和体育教学目标的达标化。

1. 体育教学内容的竞技化

学校体育以竞技体育的运动项目构建教学内容体系，具体表现为各专项动作技术的传授和运动能力的提高。这不仅偏离了以促进学生成长发育为基础的理念，也变相地剥夺了绝大多数学生平等的体育权益。

2. 体育教学过程的技术化

在教学过程中苛求动作的准确与技术的完美，运动技术的学习与掌握成为直接的教学目的，而不是教学手段。这就造成学生活动的主体性受到伤害，活动的积极性受到压制。

3. 体育教学组织的一体化

过分强调学生在教学活动中服从命令、听从指挥的纪律性，过分要求学生在教学活

动中统一行动、步调一致的有序性，扼杀了学生好动的天性，忽视了学生的个性与差异，这种体育教学组织的一体化容易使学生对学校体育产生逆反心理。

4. 体育教学目标的达标化

把"达标"作为学校体育的出发点和归宿，这必然会限制教学内容的广度，导致教学过程的封闭，使教学与"达标"形成一种彼此对应的契合关系。另外，将"达标"作为教学的归宿，作为衡量学生、教师、学校的硬性尺度和最终判决，这必然会限制高校体育教育的重心、教学导向、行为选择和价值取向。

三、高校体育教学管理改革的方法

（一）优化高校的体育教学师资队伍，提高高校体育教学的专业性

只有提高高校教师的专业体育水平，才能从根本上推动高校体育教学的进行与发展。因此，高校要加大对专业体育教师的招聘力度，通过社会渠道、专业体育院校直接招聘等方式，增强高校的体育教学师资力量，并对学校原有的体育教师进行集中培训，大力提高高校原有体育教师的专业水平，从而全面提高高校的体育教学水平。

（二）加强高校的体育硬件配备，完善高校体育教学的设施建设

高校应增加对体育硬件设施的资金投入，全面开发与增加学校的体育设施。此外，高校还应对老旧废弃的体育场地进行翻修与整理，提高学校体育设施的专业性，提高学生进行体育学习的安全性。通过高校对体育设施的投入资金逐年增加，专业人员对体育设备的安装与维修，能够将学校整体的体育设施进行更新换代。

（三）更新管理理念，提高管理者的综合素质

科学合理的管理理念是高水平、高质量管理工作的前提和基础，同时也是取得良好管理效果的重要保证。高校应该学习"生命第一，健康第二，教学第三"的教育理念，彻底改变传统的思维定式，更新管理理念，从而适应时代发展的要求。高水平、高质量的体育教学需要高水平、高质量的体育教学管理来配合，也就是需要高水平、高素质的管理者来管理。在众多教学管理因素中，人是最核心、最关键的因素，毫不夸张地说，人是科学管理的动力来源。只有充分调动管理者的积极主动性和想象创造力，才能够确保教学管理工作的顺利进行。因此，高校的体育教学管理团队必须更新管理理念，提高管理者的综合素质，这样才能全面提高体育教学管理的质量和水平。

（四）结合教学实际，遵循教学规律及教学原则

要想提高高校体育教学管理的水平和质量，高校就要在结合教学实际的同时做到遵循教学规律及教学原则。不论是课程规划安排还是教学方法的选择应用都要充分考虑学生及教师的实际情况，如学生性别、年龄、身体素质情况，教师能力情况，学校场地设施情况，季节气候情况等。只有结合这些客观实际进行管理，才能保证教学的顺利进行。

（五）民主与集中相结合，课内外全学分制管理

采用民主与集中相结合，课内外全学分制管理的方式可以有效改善高校体育课外活动形同虚设的情况。其主要手段就是高校相关部门要给予大力支持，要求学生的所有课内外活动都要按照学分制进行。学生除了要得到体育必修课的学分，还要得到一定的体育选修课学分，从而充分调动学生学习的积极主动性，有助于学生身心素质的全面发展。

（六）使用现代化管理手段，提高教学管理质量

高校体育教学管理的根本目标是提高教师的教学水平和教学质量。加强高校体育教学管理的有效方法就是使用现代化管理手段，改革体育教学管理模式。现阶段比较先进的高校体育教学管理手段就是将《质量管理体系要求》引进来。《质量管理体系要求》是国际标准化组织制定的关于质量管理和质量保证体系方面的标准，最开始仅仅在制造业中后应用，随后开始应用于各种其他行业。根据国际认可论坛组织对行业的分类，适合这一标准的行业共有39类，教育被列为第37类。截止到现在，我国已经有差不多一百所学校通过了《质量管理体系要求》质量管理体系认证，可以说这是当今提高高校体育教学管理质量的最有力措施之一。这一措施可以全面提高高校体育教学管理的制度化、科学化、法治化和规范化，从而确保体育事业的顺利开展。

第三节　"创新创业"和"校企合作"背景下的高校体育教学管理改革

一、"创新创业"背景下的高校体育教学管理改革

对于高校来说，体育教学管理是管理工作中不容忽视的一部分，管理水平的高低与教学质量的好坏存在密切的联系。时代在不断发展，体育教学管理方面也在不断进行改革并提出新的要求。在"创新创业"的背景下，高校体育教学管理改革应当从管理理念、管理体系以及管理模式三个方面展开。为了促进高校体育教学管理创新，不管是管理者还是教师都应当不断提升自身的综合能力，从而为学生提供更好的教育，为我国高校做好管理创新工作奠定基础。

（一）高校体育教学理念创新

1. 树立正确的体育教学管理理念

对于我国的高校来说，体育教学的理念就是"以人为本，健康第一"，在这样的背景下，高校的管理人员需要树立的管理理念就是"以师生发展为本"。这种管理理念要

求管理者在进行管理的时候把人作为对象，全面激发人的主动性、潜在能力；管理者要尊重每一位教师的教学特点，在学校中、课堂上为教师提供创新的环境，鼓励教师接受继续教育，不断进行学习来充实自己，从而掌握先进的体育专业知识，提升自己的综合能力；管理者要调动学生对体育学习的激情以及探知的欲望，从而调动其"创新创业"的兴趣。

2. 提高管理者服务意识

在进行管理的过程中，管理者应向师生提供服务，应当认识到自己的职责，提高自己的服务意识。为此，管理者应当积极参加培训以及进修，在高校之间展开座谈会，借鉴其他院校的管理经验，从而提升自己的管理能力。

3. 由静态管理转变为动态管理

时代在不断发展，对人才的要求也在不断地发生变化。因此，高校体育教学的管理人员不能以一成不变的态度对体育教学进行管理，而是应当由静态管理转变为动态管理。这要求管理者及时根据社会需求来调整自己的人才观念以及质量观念。

（二）建立健全体育教学管理体系

1. 建立健全决策体系

对于高校体育教学管理来说，决策是非常重要的，因为只有正确的决策才能够准确地展开相关活动。在高校中，体育教学管理的决策者应当由体育学院的院长、副院长联合教务处主任组成，其职责是制定体育教学计划以及体育教学的目标，针对体育教学过程中遇到的主要问题提出解决方案。在进行决策时，体育教学管理的决策者应当严格遵循"创新创业"的相关要求，结合当前社会的需求展开。

2. 建立健全执行体系

决策之后就是执行，因此也应当建立健全的执行体系。执行者是高校的教务处以及体育部门的工作人员，在得到上级通知以后，应以体育专业作为对象，贯彻落实相关政策。

3. 建立健全监督、控制体系

执行决策结果的质量水平由监督、控制体系来把握，因此建立健全监督、控制体系也十分必要。监督与控制的对象包括人、目标、制度。全方位的监督、控制体系能够把教学工作从传统的"末端检验或随机性检查"转变成"教学全过程控制与检查"。

4. 建立健全反馈体系

高校还应当建立健全反馈体系以明确决策的正确性。为此，高校可以成立专门的信息中心，该信息中心的员工可以让那些已经退休的体育教师担任。一方面，这些体育教师对于本校的体育教学流程比较熟悉；另一方面，他们具有丰富的经验，能够为决策提供更为有用的信息。

（三）创新管理模式

1. 改变听课、评课管理

高校管理者对教师授课进行听课以及评课的目的是检查教师的教学水平。其实每一个教师都有自己的教学方式，甚至有很多教学方式管理者是不认可的。在"创新创业"视角下，高校管理者应当转变听课、评课的检查目的，通过听课与评课在管理者以及教师之间就教学架起沟通的桥梁，在此过程中两者可以就教学问题展开探讨，相互促进，从而提升创新能力。

2. 改变教学模式管理

在过去，体育教学的内容、目标、计划通常是由高校统一制定的，教师自由发挥的空间非常有限。在"创新创业"的背景下，高校管理者应当改变原有的教学模式管理方式，可以制定一个总的教学目标，教学的内容以及进度只制定一个大纲，余下的内容由教师自由发挥。有些教师具备丰富的创新能力，完全可以在教学的过程中带动学生进行创新；有些教师具有非常好的创业思路，也可以在教学的过程中和学生进行沟通、交流，使学生具备出色的创业能力。

3. 改变教学评价管理

在过去，管理者通常是通过学生的成绩以及教师取得的成就对教师进行教学评价。这样以成绩作为重要考核指标的评价管理模式不利于促进学生"创新创业"能力的培养，所以应当把学生的综合素质以及教师整体工作表现当作考核的重点内容。

（四）提升高校体育教学管理创新的建议

1. 管理者方面

高校体育教学的管理者想要实现管理上的创新，必须经过学习的，全面地掌握管理知识，这样才能够结合自身学校的实际情况进行创新。为此，管理者应当不断学习管理知识，明确体育教学的特点，将两者相结合，这样才能够做好体育教学管理，才能够有所创新。

2. 体育教师方面

在高校中，体育教学的真正实施者是教师，所以也应当从教师的角度来考虑提升体育教学管理创新的策略，从而提升教师的培训管理。如果教师水平比较差，即使管理者有着强烈的创新意识，体育教学的管理创新工作也不可能做好，所以应当提升教师的专业能力，而这需要通过加强教师的培训管理来完成。高校在对体育教师进行培训时，应当明确每一位体育教师的教学水平以及综合能力，遵循因材施教的原则。此外，培训工作并不是一时的，而是永久的，所以需要定期与不定期地展开培训工作；培训的内容可以围绕着"创新创业"教育、教育理论、教学方法、心理学等展开；培训的方式可以采用座谈会、进修、交流会等。综上所述，在"创新创业"的背景下，高校管理者应当从管理理念、管理体系、管理模式三个方面展开对体育教学管理的创新。管理者不仅应当提升自身的管理能力，认识体育学科的特点，还应当提升体育教师的专业能力以及道德素质。

二、"校企合作"背景下高校体育教学管理改革

校企合作实际上是一种以市场和社会需求为导向，由国际普遍认同的学校和用人单位合作培养学生的教育模式。校企合作需要行业的参与及配合，这是世界性的发展趋势，也是中国大多数高校探索的一条办学之路。我国高等职业教育要想培养出适应市场、企业需求的高素质技能型人才，走校企合作、工学结合的道路是其发展的必然要求。为此，国家教育主管部门已将校企合作、工学结合的实践与研究列入"高等教育教学改革项目"中，并提供了适当的经费予以支持。在政府的大力推动下，各高校纷纷开展基于校企合作和工学结合的教育教学模式研究。在"校企合作"的大背景下，高校需要探索一种能够为专业服务、为学生服务的课程体系。高校体育课程是高校教育的一个重要组成部分，形成具有"高校传统体育课""高校职业体育身体训练"的特色课程新模式，即"职业实用性体育教学"，是目前高校体育课程有待解决的现实问题。

（一）在"校企合作"大背景下体育教学的目的

1. 发展体育教学的实用性功能

高等职业教育的目的主要是培养技能型人才，实用性的职业特点非常明显。高校体育教学只有根据目前学生所学专业的类型来传授其将来职业所需的特殊体育知识、技能，因材施教，才能充分发挥体育教学的实用性功能。

2. 提高体育教学的服务功能

职业院校中的体育教学属于个性教育，要受到各专业、工种的限制，要根据职业所要求的体能、素质、工作方式和疲劳特点传授职业所需要的体育健身知识和运动技能。因此，在"校企合作"的大背景下，职业体育教学可以进一步提高教学的服务功能。

3. 培养学生职业能力和终身体育意识

职业体育新模式教学目的的设置应该使学生的职业劳动和职业竞争能力的发展相匹配，并有针对性地对学生进行职业体能、职业保健能力方面的训练，让学生能够选择有自己专业特点的终身体育锻炼项目，从而培养学生终身体育锻炼的意识。

（二）在"校企合作"大背景下体育教学管理的实施

1. 确立高校体育教学管理目标

实施校企合作是为了使学生的身心素质、组织能力等适应未来职业工作的需要以及社会生活的需要。高校应该有针对性地对学生进行特定的实践技能培训，必须让学生的生理、心理在学校得到充分的锻炼和培养。因此，高校体育教育目标是将学生培养成为一个有强健体魄，能服务于社会，能适应社会主义现代化建设需要，能实现自我价值的劳动者。

2. 调整体育教学管理计划

高校教育的最终目的是培养适应现代化建设的实用性技能人才，所以体育课程的教学计划应体现与职业培养方向一致的特点。学校应结合场地器材资源合理地安排传统体育教学内容与职业体育课程，制定合理的职业实用性体育教学管理计划。

3. 变更高校体育课程的组织形式与教学方法

因为学生有不同专业、不同兴趣爱好、不同层次的情况，所以教师需要在教学内容和考核上进行精心组织、合理安排，这样才能有效调节课堂气氛，激发学生的学习热情，以达到预期的教学效果。此外，教师还要尊重学生的个性选择及个性发挥，有意识地依据专业、工种特点，启发引导学生积极思考问题、解决问题，达到体力与智力有机结合。

4. 构建高校体育健身学院的作用

健身学院的成立能够丰富体育课程教学内容和教学模式，提高学生的综合身体素质，发展校园体育文化，综合利用体育资源。学生可根据所学专业特点和兴趣爱好，参与健身学院的活动，提高高校体育课的效果。同时，在健身学院的活动中，学生的体育知识、运动技能、身体素质和锻炼习惯都会得到进一步提高。成立健身学院的主要作用表现在以下几方面：一是企业能够投入健身设备；二是引进健身专业的教练员；三是丰富体育教学内容；四是完善师资队伍的建设；五是提高教师队伍素质，鼓励专任教师进修深造，成为具备"双师型"教师。走"校企合作、工学结合"的道路是未来高校教育教学改革的方向。只有顺应时代发展需要和符合高校教育发展客观规律的课程改革，才能取得成功。进行实用性体育素质训练可以增加职业活动的体育知识和运动技能储备，提高身体机能对劳动条件的耐受能力和适应能力，让学生在走上工作岗位后能尽快适应工作环境，真正做到学以致用。

第十章 当代高校体育教学管理发展

第一节 当代高校体育教学管理评价

一、体育教学管理评价的概念

所谓体育教学管理评价，具体是指运用一切可行的评价技术手段，对学校体育活动及其效果进行测量，并予以价值判定的过程。体育教学管理评价的实质是对体育教学活动从影响和效果两个方面给予价值上的判定，并积极引导体育教学活动朝预定的目标发展。

二、体育教学管理评价的程序

（一）确定评价目的

评价目的对体育教学管理评价具有指向作用。解决为什么要进行评价是进行体育教学管理评价的首要环节。而且任何一项体育教学管理评价活动，都是在一定的目的指导下进行的。体育教学管理评价的具体目的不同，评价的内容、组织形式和方法也不同。

（二）成立评价机构

在体育教学管理过程中，体育教学评价小组或评价机构是体育教学管理评价的主体。成立体育教学管理评价小组或评价机构时，要依据具体的情况确定组成的性质、规模及其人员组成。体育教学管理评价小组或评价机构可以是具有长期的连续性和稳定性的，也可以是临时性的。但是，无论是什么样的评价小组或评价机构都必须要具有权威性。体育教学管理评价小组或评价机构一般由分管领导和专家组成。

（三）制定评价标准

评价标准是决定效果评价是否科学的重要基础之一。确定体育教学管理评价的目的之后，就需要解决评价什么样的问题了，也就是对体育教学管理评价的目标进行分析并使之具体化。体育教学管理评价者要对评价指标进行认真研究，并尽量通过试评获取典型或实例，以便统一尺度，进而制定合理的体育教学管理评价标准和指标体系。

（四）收集评价信息

在体育教学管理实践中，收集信息也是实施体育教学管理评价的一个重要环节。在高校体育教学评价过程中，收集信息的方法主要有以下几种：

1. 观察法

评价者依据指标内涵的要求和评价对象的特点，有目的、有计划地直接进行自然状态下或控制条件下的观察进而获取评价信息资料。

2. 问卷法

评价者通过书面调查评价对象而获取评价信息。问卷法具有参加人员的隐蔽性，能够有效保证调查的真实性和客观性。有利于提高搜集信息的效率，且具有时间范围的可调节性。3.访谈法评价者依照访谈提纲，通过和评价对象面对面谈话或者是小组座谈会的方式直接搜集信息。

4. 测验法

评价者依据评价内容编制一定的等级量表和标准的试题，用以收集评价信息。

5. 文献法

评价者通过查阅与评价对象有关的文字记载的材料，进而收集评价资料。

（五）判断评价结果

对收集到的评价信息进行加工处理。只有依靠对评价资料的加工处理（反馈评价结论、意见或建议），才能做出科学的、正确的判断。同时，指出评价对象的优点及其存在的问题，并分析原因，进而提供改进办法和措施。在实施评价的过程中如发现方案有缺陷必须及时修正，以保证评价的客观、真实、有效。

三、体育教学管理评价的原则

（一）客观性原则

在体育教学管理评价时，客观性原则也是需要遵循的重要原则之一。由于对学生的学与教师的教做出客观的价值判断是体育教学管理效果评价的目的。如果缺乏客观性则失去了其真正的意义，而最终导致错误的教学决策。因此，在体育教学管理效果评价中必须贯彻客观性原则。

（二）全面性原则

全面性原则是体育教学管理效果评价必须坚持的重要原则之一，主要表现在对组成教学活动的各个方面做到全方位、多角度评价，从而使以偏概全、以点代面的现象得到有效避免。体育教学系统的复杂性和教学任务的多样化，往往能够从不同的侧面反映出体育教学质量，表现为一个由多因素组成的综合体。鉴于此，就要求必须多角度、全方位地评价教学活动。另外，需要强调的是，在评价过程中，应该善于把握主次，区分轻重，抓住主要矛盾，将重点放在决定体育教学质量的主要环节与主导因素上；与此同时，还要将定量评价和定性评价有机结合起来，使其相互参照，从而对客体的实际效果进行全面、准确的评价。

（三）科学性原则

科学性原则是体育教学管理效果评价必须遵循的重要原则。具体来说，就是要以客观规律为主要依据，实事求是，努力实现评价方法、标准以及程序的科学化。在进行教学评价时，要将经验和直觉的影响力降到最低，正确的做法是以科学为依据。只有科学、合理的评价才能将体育教学的指导作用充分发挥出来。科学性的要求主要体现在两个方面，一个是评价目标、标准的科学化，另一个是评价方法和程序的科学化。在体育教学管理效果评价中贯彻科学性原则时，要做到以下几个方面的要求：

（1）应该从教与学相统一的角度出发，以体育教学目标体系为依据，将统一合理的评价标准确定下来。

（2）要将先进的统计方法与测量手段进行推广并使用，同时，还要认真、谨慎地对获得的各种资料和数据进行处理。

（3）还要对编制的评价工具进行认真的预试、修订与筛选，并且要求在达到一定的指标后，才能在实践中进行广泛的运用。

（四）指导性原则

在进行体育教学管理效果评价时，还要遵循指导性原则，具体来说，就是不能就事论事，而应该把评价和指导有机地结合起来，要使评价者对自己有全面的了解之后，能够有效地指导自身以后的发展。换句话说，就是要认真分析评价的结果，从不同角度将因果关系找出来，将问题产生的原因找出来，并通过信息反馈，使被评价者将今后努力的方向明确下来。在体育教学管理效果评价中贯彻指导性原则应该做到以下几点：

（1）必须在一定数量评价资料的基础上进行指导，从而使缺乏根据的随意评价和表态的现象得到有效避免。

（2）要做到及时反馈，指导明确，一定要使含糊其词和耽误时机，使人无所适从的现象得到避免。

（3）要具有启发性，留给被评价者思考与发挥的余地和空间。

四、体育教学管理评价的内容

（一）管理体制评价

学校体育管理体制评价的内容主要包括学校是否已经设立以校领导为首的各层学校体育管理机构，如学校体育管理各层次的职责是否明确，学校领导是否直接分管体育，分管校领导能否经常关心学校体育工作的开展，学校体育规章制度是否建立和健全等。

（二）师资队伍评价

对体育教师的评价主要有两个方面，即对体育教师素质的评价和对体育教师工作的评价。

1. 对体育教师素质的评价

（1）政治素质评价：主要有对思想道德修养、良好的文明行为习惯、政治理论的考核成绩、遵纪守法、工作态度、教书育人、为人师表、坚持四项基本原则、参与民主管理等方面的评价。

（2）心理素质评价：主要包括四个方面，一是思维敏捷、缜密，能向学生传授有严密逻辑的知识体系；二是具有敏锐、细致的观察力；三是情感丰富，能以自己乐观、愉快的情绪感染学生；四是必须具有坚强的意志品质，能克服困难并保证体育教学的顺利进行。

（3）知识结构素质评价：包括两个方面，一是应该比较系统地掌握教育学和心理学知识；二是必须具有全面、系统的体育专业知识，并对相关学科的基本常识有所了解。

（4）能力素质评价：主要包括教学能力、活动组织能力、教育管理能力、表达能力、创新能力、开发和运用体育资源的能力、教育科学研究能力等的评价。

（5）可持续发展素质评价：主要包括对教师接受新理论、新方法、新技术的能力，自学能力，自觉发展能力，科研能力等的评价。

2. 对体育教师工作的评价

（1）教学思想评价：教师是否重视教书育人，是否重视学生的全面发展，是否有改革创新的精神等。

（2）教学内容评价：教学内容是否科学性和思想性统一，是否紧紧围绕教学目标安排，是否科学组织教学与训练活动，是否合理安排教学与训练内容。

（3）教学方法评价：教学方法选用是否具有启发性，并有助于学生独立思考、分析和解决问题的能力，以及创新精神的培养是否与学生的身心特点相符合并有助于激发他们的学习兴趣和动机等。

（4）教学技能评价：教师的讲解语言是否准确、规范、简洁，术语是否正确运用，示范动作是否正确优美，是否能正确处理意外和突发事件。

（5）教学效果评价：教师是否能调动学生的学习积极性和主动性；是否能激发和保持学生运动的兴趣并促进学生形成体育锻炼习惯；是否培养学生顽强、勇敢、合作、竞争的心理品质。

（三）教学对象评价

学生是学校体育教学的对象，对学生的评价重点在于其体育学习，具体包括以下几个方面的内容：

（1）对学生思想品德的评价：是否尊重教师和其他学生，与教师和其他学生友好共处，遵守规则和秩序。

（2）对学生体育学业的评价：具体包括对学生身体素质和运动能力、体育基础知识、运动技能、学习情感的评价。

（3）对学生学习能力的评价。

（四）教学条件评价

学校体育教学条件评价对学校体育教学管理的效果具有重要的影响，学校体育教学条件评价的内容主要包括体育场馆器材的配备符合标准、体育经费占教育经费的比例等。此外，还要重视教学人际环境的评价，对于体育课来说，教学的环境、教学的载体并不是单一的，而是多样化的，因此应该充分考虑课堂文化氛围与师生关系。

第二节　当代高校体育教学管理机制的建立

一、现代体育教学管理机制的概念

"机制"一词源于希腊文，其本意是"机器的构造和动作原理"，随着学科的不断丰富和发展，"机制"一词被引入管理学领域，在管理学中，"机制"的本意并没有更改，只是将其与管理学进行了结合，构成了新的名词"管理机制"。管理机制是指管理系统内各构成要素之间相互联系和作用及其调节的方式，它的实现依托于建立一定的组织机构和与组织机构相符的组织制度。组织机构的建立将系统内的相关关系人根据需要分配到组织系统内的各个部门。制度的建设是针对系统内各个岗位职能制定的各岗位人员的行为规范。因此，机制的实现形式是机构加制度。机制是否能保证系统内的各要素的作用正常且充分地发挥是评判一个管理机制是否优秀的主要依据，具体是指该机制的建立是否能达到人尽其才、物尽其用，是否能充分调动所有组织人员的积极性。总结认为，体育教学管理机制是指为保证体育教学的进行所涉及的各级与体育教学相关的组织或机构、各利益相关主体之间为一个共同目标相互作用的关系体系。体育教学管理机制通过有关制度的制定和实施，规范体育教学组织内部的各种相关利益主体的行为，以保证整个管理体系的正常、有序运转，同时确保高素质、高技能人才培养目标的实现。

二、现代体育教学管理体系机制构成

（一）宏观体育教学管理体系构成

宏观学校体育教学管理体系是指在学校内与学校外实施体育教学过程中所涉及的全部要素。从校外的各构成要素来看，体育教学涉及的内容包括政府部门和企业、行业、社区、家长等。

（二）微观体育教学管理体系构成

微观学校体育教学管理体系是指专门针对在学校内实施体育教学过程中所涉及的要素。从校内的各构成因素来看，各级各类学校的历史发展和实际情况不同，该学校的校园机构设置及其管理层次也必然会具有不同的特点，但不管这些内容有多少不同，各构成要素在涉及的利益主体问题上都是共同的，其共同的主体均为学生、教师和管理人员。

（三）体育教学管理体系机制制定

在现代学校体育教学管理实践中，系统的管理体系及其运行机制的建立，必须要考虑到不同利益主体之间的关系。因此，学校系统中凡是与体育教学相关的各级管理机构的设置，不同管理人员的配备，体系制度的制定等都应该围绕更好地实现学校体育教学的培养目标来确定，即要充分调动教师与学生的体育教学与体育学习的积极性和主动性，进而保证学生体育运动实践中运动技能的掌握与运动水平的提高。长期以来，我国的学校体育教学管理更多的是局限在狭义层面的体育教学管理体系。而实际的学校体育教学工作实践中，体育教学管理受多种因素的影响，尤其是现阶段，随着体育教育与社会需求之间的关系日益紧密，学校体育教育对社会大环境更为依赖，必须满足社会对人才的需求以进一步促进自身的发展。现阶段，要实现体育教学管理的科学化发展，就必须要求学校与社会的联系更密切、更开放，不断提高体育教学质量，培养与社会岗位对口的现代化全面人才，以促进学生发展和社会发展的共同实现。

第三节　当代高校体育教学管理的决策与计划

一、现代体育教学管理的决策

（一）现代体育教学管理决策的含义

"决策"意为"做出决定或选择"，体育教学管理决策具体是指通过分析、比较，结合实际情况选定最优体育教学管理方案的动态过程。现代管理理论认为，决策包括提出问题、确立目标、设计多种方案，在综合分析不确定条件下发生的偶发事件（既无先例，又没有可遵循的规律）的基础上，从几种备选的行动方案中做出最终抉择等阶段。体育教学管理中的决策是领导者的基本职能，科学、合理的决策对于解决关系到学校体育教学工作的顺利开展、有序运行以及未来发展等重大问题具有重要作用。对于学校体育教学管理而言，一方面，决策是领导者的基本职能。在学校的体育教学管理中。科学地进行决策是保证体育教学活动高质、有效开展的重要条件，也是领导水平的重要标志；另一方面，在学校体育教学管理实践中，会发生各种各样的问题，如政策问题、制度取向等，这些问题都关系到学校体育教学工作的顺利开展、有序运行以及未来的科学发展，因此需要通过科学、合理的决策解决学校体育教学管理中的各种问题。

（二）体育教学管理决策的类型

管理活动可能会遇到很多种突发或在预料之外的情况，因此管理体系内的活动具有明显的复杂性。所以，这对管理者的考验也是很大的，不同情况会使他们的决策呈现出不同的分类。

1. 根据决策的性质分类

（1）程序化决策：有关常规的、反复发生的问题的决策。

（2）程序化决策：偶然发生的或首次出现的而又带有一定重要性的决策。

2. 根据决策的作用分类

（1）管理决策：指为保证体系内总体战略目标的实现而解决局部问题的重要决策。如具体的体育教学的管理机制建设、体育教学安排等。

（2）业务决策：指体育教学的基层管理人员和教师为解决日常体育教学工作中的问题所做的决策。

（3）战略决策：指有关发展方向的重大全局决策。这类决策由最高层管理人员做出，战略决策包含决策工作和决策行动两个阶段。首先，决策工作阶段是指从确定目标到拟订备选方案为止的整个过程。例如，关于学校在校内体育教学基地的建设，是自己独资建设还是引进战略合作者，这需要有关方面的专家进行研究论证，提出可供领导选择的方案；其次，决策行动阶段是指领导者根据专家提出的方案进行选择的过程。

3.根据决策问题的条件分类

（1）确定型决策：指可供选择的方案中只有一种是自然状态时的决策。这种决策的条件是确定的。

（2）风险型决策：指可供选择的方案中存在两种或两种以上的自然状态的决策。这种决策的条件是不确定的，但每种决策的自然状态所发生概率的大小是可以估计的。

（3）不确定型决策：指可供选择的方案中存在两种或两种以上的自然状态的决策。这种决策的条件是不确定的，并且决策的结果无法估计。

二、现代体育教学管理计划

（一）现代体育教学管理计划的含义

计划是指为了保证决策目标的实现，对整个管理活动进行详细的统筹规划过程，是管理的主要职能之一。从大的范畴来讲，计划是一个统称，规划、纲要、安排、方案、要点等都属于计划的范畴。计划是决策的展开和具体化，一般地，管理活动都是从计划开始的，计划还会贯穿于整个管理过程。学校的体育教学计划是根据学校对学生的体育教育培养目标和教学活动确定一部分的体育教学在行动上应当遵循的途径、步骤、措施、手段、方法及资金预算等。其具体可以包括专业体育教学计划、体育教学计划、教师授课计划、体育场馆建设计划、体育器材购置计划、体育师资队伍建设计划等。正确认识体育教学管理计划，需要正确区分以下概念：

（1）计划和规划、纲要、安排、方案、要点等的区别。从本质上讲，计划和规划、安排、方案、要点等是一样的。但是，计划多用于中短期计划；规划则指相对长远的计划，多用于长期计划和专项计划；纲要比规划更概括；安排是短期计划；方案可操作性较强，要点是粗线条式的计划。

（2）计划和计划管理。计划是计划管理的工具；计划管理是以计划作为手段进行的管理活动或管理工作（包括计划的研制、计划的组织、计划的实施、计划的检查监督、计划的评比等活动）。

（二）体育教学管理计划与计划预测

计划与计划预测之间联系密切，二者之间的关系具体表现如下：

（1）预测是计划制订的基础，只有经过广泛且客观调查后的定性或定量预测，才能用于计划的制订。

（2）计划反映预测的结果。计划是建立在对未来环境、形势的某种预测的基础之上的。一旦预测有误，那么即使计划再严密、再周全，其结果也将会是彻底的失败。在体育教学管理中，管理者必须正确认识计划与预测的关系，要对调查与预测这一计划的前提保持高度的重视。应该认识到如果没有严谨、客观、全面的调查与预测，就不能保证管理计划的科学性、实用性。同时，如果只有预测而不强调计划的执行，就会降低计划的有效性，同时不利于对下次的科学预测提供正确的参考依据。

（三）体育教学管理计划的主要内容

1. 体育教学工作计划

体育教学工作计划是贯彻国家制定的体育教学大纲和教材、科学地安排整个教学工作、顺利完成教学工作目标不可缺少的文件，是体育教师进行体育教学的主要依据。它包括全年教学工作计划、单元教学计划和课时计划等。

2. 学年体育工作计划

学年体育工作计划是在长期规划的基础上，概括国家的教育和体育方针、上级领导机关的指示精神、学校工作的中心任务及要求，总结上学年或上学期体育工作的基础上，结合学校体育工作的实际情况制订的。

3. 业余运动训练计划

学校业余运动训练可以分为个人训练计划、集体训练计划、多年训练计划、学年训练计划、阶段训练计划、周训练计划、课时训练计划等。它是学校体育的一项重要任务，业余训练计划是增强学生运动员专项素质的重要保证，应该针对学生运动员的运动特点合理制订计划。实践证实，积极开展业余训练可以增强学生体质，提高运动技术水平。

4. 教师培训计划

教师在体育教学管理中具有重要管理与影响作用，现代体育教学管理的完善离不开教师专业素质、技能、水平的提高，因此，教师应该不断地学习新的知识，不断地提高自身的素质。在制订教师培训计划时，要考虑到每个教师的业务水平及学校体育的发展水平、年龄层次，要结合教学的实际情况，在不影响教学的情况下轮流培训。教师培训计划是增强教师素质的重要形式，同时，还应该加强教师思想意识的发展，促进其自我提升意识。

5. 课外体育工作计划

课外体育工作计划是学校体育工作计划的一个重要组成部分，包括全校课外体育工作计划、班级体育锻炼计划和个人锻炼计划等。学校应该结合本校实际与学生的具体情况来安排相应的课外体育工作计划。

6. 场馆、器材计划

制订场馆建设、维护、器材购买、维修计划，应该考虑到学校体育的发展情况，同时要考虑到实际情况，合理地配置有限的财力、物力资源。场馆、器材计划的制订其最低限度是保证各项教学活动能够正常开展。

7. 运动竞赛计划

运动竞赛计划包括年度竞赛计划、学期竞赛计划。它是检查教学质量、衡量运动训练水平、选拔优秀体育人才的重要手段。在体育教学管理实践中，制订运动竞赛计划时应该考虑和上级竞赛计划相吻合，在时间安排上要利用节假日，项目安排上除考虑竞技体育项目外，还要考虑到学生喜闻乐见的项目。在体育教学管理过程中，制订相应的体育教学管理计划时，应该对学校体育教学的各项工作进行科学考虑、合理安排。各项管理计划的制订，既要保证能够充分调动各方面的积极性，又能够促进教学质量的逐步提高。

第四节　当代高校体育教学管理的发展与创新

一、制约体育教学管理发展的因素

（一）管理制度落后

管理部门彼此之间脱节是影响我国体育教学制度完善的一个重要影响因素，我国各级各类学校的职能部门在管理方面存在着体育教学管理部门和学校的总教务部门脱节的严重现象，这是导致我国体育教学管理制度落后的直接原因。其具体表现在以下两个方面：

（1）体育教学负责具体工作的部门需要遵循体育教学自身发展规律制定教学管理方案，在开展工作中还要特别考虑到体育院系的特性，在管理中突出其特征，同时要接受学校总教务处的领导与管理。因此，在管理方面存在一定的制约性。

（2）学校总教务处需要处理学校的各类工作，在核定教学计划、教学内容、教学工作量等方面容易将不同院校的区别忽略掉，会在一定程度上消减体育教学管理部门的积极性。体育教学管理制度落后正是在这种矛盾中产生并加剧的。

（二）管理人员素质较低

体育教师是我国体育教学管理系统中的主要管理者，在体育教学管理中占据重要地位。当前，我国体育教师队伍整体素质不高是制约体育教学具体管理事务质量和效果低下的重要因素之一。具体地说，体育教师队伍素质的不足主要表现在以下两个方面：

（1）体育教师的培养模式单一，多是体育院校培养的师范类学生或由知名教练员兼任教师。这两种人员不能兼具教学技术能力与体育运动经验，因此在体育教学活动的组织管理中存在一定的不足。

（2）体育教师队伍结构不合理，具体地说，体育教师在整体结构搭配上存在着不足。主要表现在性别、年龄和学历三个方面。性别方面，男性体育教师占据大部分比例，女性体育教师相对较少；年龄方面，体育教师年龄整体偏大；学历方面，高学历体育教师人数较少，我国高校体育教师的职称多为助教、讲师。

二、我国体育教学管理的发展趋势

（一）发展环境分析

1. 政治环境

改革开放是我国的基本国策，坚持改革开放是我国的强国之路。在坚持和贯彻改革开放基本国策的过程中，我国的政治、经济、社会结构等方面都得到了一定的调整和发展，我国的综合国力逐步增强。

2. 经济环境

我国现阶段处于社会主义现代化阶段，这是我国当前最基本的实际。随着改革开放的深化进行，我国逐步建立了以公有制为主体，多种所有制经济共同发展的社会主义市场经济体制。中国特色社会主义经济体制下，我国政府能够对市场经济的资源配置作用进行良好的补充，政府对经济社会的管理更加高效。近年来，我国生产力水平逐步发展，人们的生活水平不断提高，人们的体育需求不断增长；同时，在各方面因素的影响下，我国人民的闲暇时间逐渐增多。在这些因素的作用下，我国的体育市场进一步开拓和发展。

3. 教育环境

体育教育方面的改革是教育改革的重要方面。近年来，我国体育教育体制不断改革、发展，体育教育进一步适应了我国当前的社会发展状况，为体育教学的不断发展与完善奠定了良好的基础。

（二）改革方向与特点

1. 举国教育体制的发展

现阶段，我国正处于社会结构的转型时期，各方面的权利、责任以及利益将得到重新分配，最终实现社会各方面的平衡。在体育教育领域方面，这一现象也正在发生。经历这一阶段的变革和转型之后，我国体育教学管理体制将成为结合型的举国体制。

2. 教育自主管理权的扩大

在未来的发展过程中，政府更多的是发挥宏观调控、组织和引导的作用，政府对于体育教育的干预进一步弱化，各级政府对体育教育的微观管理职能也会进一步弱化。政府干预弱化的同时，体育教育组织的权限将会进一步扩大，体育教育组织将具有更大的自主权，能够更好地进行有效的管理，更多地行使业务管理职能。管理权力的分工和配合使得教育管理更加高效。在这种管理模式下，各项管理决策的制定和实施都能够在体育教育组织内部进行，能够发挥体育教育组织自身的积极性和主动性，更好地实现体育教学组织的自我发展和自我完善。

3. 体育教学管理方法的多元化

随着行政管理的弱化，经营管理将进一步增强，因此，市场的调控作用将进一步得到发挥，其资源配置作用将在体育教育方面得到进一步展现。未来的体育教学管理必然是多种手段的结合，实行行政、经济、法律等方面的综合管理。

4. 区域体育教学管理发展的不平衡

我国现在处于社会主义初级阶段，经济社会发展呈现一定的不平衡性特点，因此，多种形式的管理体制将在很长一段时间内共存。我国经济社会的发展具有地区性差异，表现为东部沿海地区发展水平较高，西部偏远地区相对较为落后。因此，受经济社会发展影响，偏远地区的行政管理模式将在很长一段时期内保留；东部发达地区体育教育发展成熟，呈社会管理型特点。

5. 体育教学管理体制与机制的不断发展

社会经济发展状况对于体育管理体制具有重要影响。因此，随着我国经济社会的发展，体育管理也必将会得到相应的发展和提高。另外，体育教学管理体制的发展和变革必然会滞后于经济体制和社会体制等方面的改革。

参考文献

[1] 蔡先锋. 现代体育教学发展与科学化管理 [M]. 北京：中国书籍出版社，2014.

[2] 常智. 体育管理理论与实践 [M]. 北京：北京师范大学出版社，2009.

[3] 丛伟. 体育教学要素的管理研究 [M]. 北京：中国时代经济出版社，2014.

[4] 方奇，刘云朝，周建社，等. 普通高校高水平运动队建设"体教结合"的新视野 [J]. 首都体育学院学报，2008（02）：35–37.

[5] 郭磊. 体育教育的新视野 [M]. 长春：吉林大学出版社，2015.

[6] 韩江华. 高校体育教学管理研究 [M]. 北京：中国时代经济出版社，2014.

[7] 贺善侃. 教育创新与创新教育 [M]. 上海：东华大学出版社，2012.

[8] 胡小燕. 浅谈体育课堂教学管理及方法 [J]. 湖北科技学院学报，2013（05）：204.

[9] 李红霞. 体育教学工作的科学组织与管理 [M]. 北京：中国水利水电出版社，2016.

[10] 李启迪，周妍. 体育教学方法与手段甄异 [J]. 体育与科学，2012（06）：113–117.

[11] 李启迪，邵伟德. 体育教学基本理论研究 [M]. 北京：北京师范大学出版社，2014.

[12] 李新文. 体育健康管理方法论 [M]. 成都：电子科技大学出版社，2014.

[13] 蔺新茂，毛振明. 体育教学内容论 [M]. 北京：北京体育大学出版社，2014.

[14] 罗晋. 现代高校体育教学管理的发展与探索研究 [M]. 北京：中国书籍出版社，2014.

[15] 马波. "体教结合"与高校高水平运动队建设的探讨 [J]. 当代体育科技，2011（1）：86–88.

[16] 马定国. 高校公共体育管理 [M]. 北京：北京体育大学出版社，2006.

[17] 毛振明. 体育教学论 [M].3 版. 北京：高等教育出版社，2017.

[18] 任利敏，刘浩，黄珂. 新编体育教学论 [M]. 哈尔滨：哈尔滨工业大学出版社，2020.

[19] 邵伟德 . 体育教学模式论 [M]. 北京：北京体育大学出版社，2005.

[20] 舒刚民 . 我国高校体育教学改革的影响因素及其发展对策研究 [J]. 玉林师范学院学报，2013（02）：88-95.

[21] 孙静 . 高校体育教学与训练研究 [M]. 北京：现代出版社，2020.